KB266673

변론의 기술

변론의 기술

ⓒ 신정우, 2026

초판 1쇄 발행 2026년 2월 4일

지은이 신정우
펴낸이 이기봉
편집 좋은땅 편집팀
펴낸곳 도서출판 좋은땅
주소 서울특별시 마포구 양화로12길 26 지월드빌딩 (서교동 395-7)
전화 02)374-8616~7
팩스 02)374-8614
이메일 gworldbook@naver.com
홈페이지 www.g-world.co.kr

ISBN 979-11-388-5335-4 (93360)

형사전문변호사가 누설하는 영업비밀

변론의 기술

형사 편

변호사 신정우 지음

좋은땅

추천사

"이 책은 저자 자신과 같다. 내용을 보자면, 목표에서 벗어남이 없고 (focus), 명료하다(simplicity). 그러나 더욱 인상적인 것은 글에서 드러나는 성실함(honesty)이다. 저자는 누구보다도 성실한 사람이며, 이는 변호사가 지녀야 할 최고의 덕목이다."

— 법무법인 하우 김승준 변호사

"실무 변론의 핵심을 정확히 짚어 주는 책이라 생각된다. 저연차, 어쏘 변호사라면 반드시 일독할 가치가 있다."

— 법무법인 여는 김기동 변호사

"형사 사건 처리의 전체 흐름이 명확하게 정리되어 있어 실무 적응에 큰 도움이 된다. 실전적 지침서로 손색이 없다."

— 법무법인 로하스 백진욱 변호사

"경험에서 우러난 조언이 체계적으로 담겨 있어 바로 실무에 적용할 수 있다. 변론의 기초를 다지고자 한다면 꼭 읽어야 한다."

— 법률사무소 서윤 김욱중 대표 변호사

"재판 준비 과정에서 무엇을 우선해야 하는지 확실히 깨닫게 해 주는 책이다. 실무 초반의 시행착오를 크게 줄여 준다."

— 법률사무소 서윤 김석현 대표 변호사

"변호사로서 갖추어야 할 태도와 관점을 자연스럽게 익히게 하는 책이다. 기본기를 탄탄히 하고자 한다면 도움이 된다."

— 신경렬 법률사무소 신경렬 대표 변호사

"사실관계 파악과 변론 전략 수립의 중요성을 설득력 있게 보여 준다. 실무에서 흔히 놓치는 부분을 보완하기에 적절하다."

— 법률사무소 천우 허원태 대표 변호사

"각 단계에서 변호사가 해야 할 역할이 구체적으로 설명되어 있어 실무 완성도를 높이고자 하는 사람에게 적합한 책이다."

— 법무법인 테헤란 황인 파트너 변호사

"학교폭력·소년재판·국민참여재판 등 난도가 높은 분야까지 실전적으로 안내하고 있어 변호사 업무 역량 확장에 도움이 된다."

— 법률사무소 현송 백인화 대표 변호사

"저자의 경험과 실무 철학이 균형 있게 담겨 있어 변론의 방향을 스스로 점검하게 한다. 책장에 오래 두고 참고할 만한 가치가 있다."

— 법무법인 프런티어 이상현 총괄 대표 변호사

　이제 변호사 4만 명 시대에 접어들었습니다. 나름의 꿈과 열정을 가진 수많은 젊은 변호사들이 시장으로 쏟아져 나오고 있습니다. 이들 중 일부는 공직으로 가고, 또 일부는 사내 변호사로 갑니다. 그리고 일부는 나름의 체계가 있는 로펌으로 입사하여 선배로부터 차근차근 업무를 배우며 성장합니다.

　그런데 많은 변호사들은 제대로 된 실무 교육을 받지 못하고 있습니다. 소위 네트워크 로펌이라 불리는 곳에 입사한 몇몇 변호사들은 수습 기간이 끝나면 즉시 50개가 넘는 사건을 배당받고, 바로 현장에 투입되어 사건을 처리해야 하는 상황에 맞닥뜨리고 있습니다.

　이런 상황에서 많은 변호사들이 아주 기본적인 "변론의 기술"조차 배우지 못하고, 현장에서 몸으로 부딪히고 실수하고 깨지면서 괴로워하고 있는 것이 현실입니다. 그리고 그 실수하고 깨지는 과정에서 이들에게 사건을 맡긴 많은 의뢰인들 역시 제대로 된 도움을 받지 못하고 손해를 보고 있는 것 또한 부인하기 어려운 현실입니다.

　이 책은 원래 법무법인 프런티어에 입사한 신입 변호사님들에 대한 교육용 자료로 기획·제작되었습니다. 다만, 이 책의 내용이 비단 우리 법무법인의 신입 변호사님들뿐만 아니라 다른 저연차 변호사님들께도 도움이 될 것 같다는 주변의 권유가 있었습니다. 그래서 저는 좋은 선배나 멘토 없이 홀로 현장에 투입되어 고생하고 있는 신입, 어쏘, 저연차 변호사들에게 조금이나마 도움을 주고자 이 책을 정식 출간하게 되었습니다.

이 책에는 신입, 저연차, 어쏘 변호사님들이 형사 법정에서 마주하게 될 기본적이고 기초적인 내용을 담았습니다. 그리고 신입, 저연차, 어쏘 변호사님들이 수행하게 될 기본적인 사건들, 예를 들면 성범죄, 음주운전, 사기, 학교폭력 등을 중심으로 변론의 기술을 정리하였습니다. 이 책에 대단한 내용이 있는 것은 아닙니다. 모두 기초적이고 기본적인 내용입니다. 반대로 말하면, 이 책에 있는 내용도 모른다면, 기본적이고 기초적인 변론의 기술도 모르고 재판에 들어간다는 것과 같습니다. 부디 이 책이 단 한 명의 변호사님께라도 도움이 되고, 그리하여 그 변호사님의 의뢰인분께도 도움이 되었으면 좋겠습니다.

이 책을 쓸 수 있도록 법률적 자문을 아끼지 않으신 법무법인 프런티어 이상현 총괄 대표 변호사님과 모든 프런티어 식구들, 특히 포항 사무실에서 고생하는 정찬룡 변호사님과 고미지 실장님에게 감사한 마음을 전합니다. 그리고 너무나 부족한 저에게 찾아와 준 저의 딸 신립 양과 저에게 세상에서 가장 행복한 가족을 만들어 준 김보라 씨에게 고맙고 영원히 사랑한다는 말을 전합니다.

신정우 변호사 올림

목차

추천사 ··· 4

글을 시작하며 ··· 7

제1부 **변호사는 피고인의 마지막 친구** ··· 15

제2부 **변호사 마인드 세팅** ··· 21

1. 변호사는 공무원이 아니다 ··· 22

2. 대표 변호사가 우스워 보인다? ··· 25

3. 신입에게 알려 줘도 아무도 안 하는 것 ··· 27

4. 사건 선임 전 상담 기술 ··· 29

제3부 **경찰 단계에서의 기술** ··· 33

1. 경찰 출석요구 대응 ··· 34

2. 경찰 조사 출석 전 사실관계 파악 ··· 35

3. 고소장 열람·복사 ··· 37

4. 조사 전 예행연습 ··· 38

5. 경찰 피의자 조사 ··· 40

6. 거짓말 탐지기 조사 요청 ··· 43

제4부 검찰 단계에서의 기술 ··· 45

1. 송치이유서, 피의자 신문조서 분석 ··· 46

2. 처분 기간 유예 요청 ··· 48

3. 형사 조정 신청 ··· 50

제5부 체포, 구속 단계에서의 기술 ··· 53

1. 현행범 체포 ··· 54

2. 긴급체포와 영장에 의한 체포 ··· 56

3. 구속영장실질심사 ··· 59

4. 구속적부심사 ··· 61

5. 보석신청 ··· 63

6. 거짓말 탐지기 조사 ··· 65

제6부 재판 단계에서의 기술 ··· 67

1. 공소사실 인부 ··· 68

2. 입증취지 부인 ··· 70

3. 증거에 관한 의견서 사전 제출 ··· 72

4. 인정한다면 피고인 신문은 생략, 최후 진술은 짧게 ··· 74

5. 합의를 원한다면 양형 조사 신청,

   합의에 실패하면 형사 공탁 … 76

6. 증인신청은 검사가 한다 … 78

7. 진술이 아닌 증거를 제출하라 … 80

8. 성범죄 무죄를 주장한다면 국민참여재판 신청 … 82

9. 법정구속에 대비 … 84

10. 항소심은 1심과 다르게 … 86

제7부 성범죄 변론의 기술 … 89

1. 사실관계를 유리하게 쌓아 가라 … 90

2. 사실관계 부인이 먼저, 법리적 주장은 그다음 … 92

3. 심신장애를 주장할 것인가? … 94

4. 기억이 안 난다? 진짜? … 96

5. 일단 사과하지 마라, 합의 시도도 마찬가지 … 98

6. 조사 연습, 사실관계를 눈으로 보는 듯이 파악할 것 … 100

7. 준강간 사건에서 동의 의사 확인 … 102

8. 무고할 동기가 있는가? … 104

9. 거짓말 탐지기 조사 … 106

10. 성범죄 사건, 합의는 기본 … 108

11. 1심에서 부인하고 안 되면 2심에서 자백? … 110

12. 아청법 위반 사건의 특징 … 112

13. 성인 간 성매매 VS 미성년자 성매매 ··· 113

14. 형사 공탁 ··· 115

15. 무고죄 고소 ··· 117

16. 송달장소변경신청서 제출 ··· 119

제8부 음주, 교통사고 변론의 기술 ··· 121

1. 면허 정지, 취소 기준도 숙지하라 ··· 122

2. 음주 2회 차도 변호사가 필요한 경우 ··· 124

3. 가벼운 인사사고라면 경찰 조사 전에 합의해라 ··· 126

4. 위험운전치상죄는 피할 수 있다 ··· 128

5. 운전 시간과 단속 시간에 차이가 있다면
   무혐의도 가능하다 ··· 130

6. 가벼운 인사사고라면 마디모 신청 ··· 132

7. 음주 전과자 행정심판이 될까? ··· 133

8. 의뢰인이 위법수집증거를 주장한다면? ··· 135

9. 즉일선고, 법정구속도 대비해라 ··· 137

10. 항소를 하지 않을 이유가 있나? ··· 139

제9부 사기죄 변론의 기술 ··· 141

1. 사기죄 고소는 생각보다 품이 많이 든다 ··· 142

2. 사기죄 고소의 핵심은 '기망' 입증 ··· 144

3. 보이스피싱 현금 수거책 사기 방조는 대부분 실형 ··· 146

4. 의뢰인을 100% 믿지 마라 ··· 148

5. 합의금은 미리 받고 합의를 시도해라 ··· 150

제10부　학교폭력, 소년재판 변론의 기술 ··· 153

1. 학교폭력 사건의 특징 ··· 154

2. 학교폭력 사건의 일반적인 흐름 ··· 156

3. 학교폭력 사건에서 변호사가 하는 일 ··· 160

4. 기대와 다른 결과를 예상하라 ··· 162

5. 학폭위가 끝났다면, 회의록 정보공개를 요청하라 ··· 165

6. 학폭 사건과 다른 소송 연계 ··· 167

7. 학폭 민사 소송에서는 소송비용에 주의하라 ··· 169

8. 학폭 형사 사건은 고소장을 꼭 접수하라 ··· 171

9. 촉법소년은 기소유예가 없다 ··· 173

10. 소년재판의 일반적 흐름 ··· 176

11. 소년재판에서 형사 공탁? ··· 178

12. 소년부 판사님이 주로 질문하는 내용 ··· 179

13. 소년재판에 참석하는 부모님의 진술 '내 탓이오' ··· 187

14. 소년분류심사원도 예상하라 ··· 189

15. 소년재판 고객에게 사전에 고지해야 할 사항 ··· 191

제11부 **국민참여재판 변론의 기술** ··· 193

1. 국민참여재판 신청하는 것이 유리할까? ··· 195

2. 판사는 국민참여재판 배심원의 평결에 기속되지 않는다? ··· 198

3. 공판준비기일이 필수 ··· 200

4. 배심원 후보자 명부 ··· 203

5. 배심원 후보자에 대한 질문사항 준비 ··· 207

6. PPT 파일과 동영상 재생 파일 사전 준비 ··· 212

7. 피고인 신문 및 최후변론 연습 ··· 215

8. 배심원 선정 ··· 217

9. 증거 조사와 검사의 잘못된 증거설명에 대한 제지 ··· 222

10. 녹취록(속기록) 신청 ··· 224

제12부 **부록 — 형사 사건 처리절차 체크리스트** ··· 227

글을 마치며 — 대표처럼 일해라 ··· 231

제1부

변호사는
피고인의 마지막 친구

나는 수습 변호사 기간을 마치고 바로 다음 해 부산지방법원 서부지
원 국선변호인으로 선정되었다. 이때 주로 사건이 배정되는 재판부에
서 이름이 특이한 판사님을 만났는데, 그분이 내 변호사로서의 인생에
큰 영향을 미쳤다. 이 책을 쓰게 된 것도 그때의 경험이 밑바탕이 되었
다(특정될 위험이 있으니 김 판사님으로 호칭한다).

당시 나는 형사재판 경험이 많지 않아 서툰 점이 많았고, 재판에서도
부족한 점이 많았다. 그때마다 김 판사님께서 부족한 부분을 지적해
주셨는데, 예를 들면 음주운전 교통사고 사건에서 내가 민사, 형사 합
의가 되었다고 변론하면서 형사 합의서를 제출하면, 민사 합의서는 어
디 있는지 물으셨다. 그러면 내가 민사 합의는 보험사에서 다 처리한
것이라고 변론하면, 보험사에서 보험금을 지급한 내역이나 기타 합의
를 확인할 수 있는 서면을 제출하라고 하셨다. 피고인의 이익을 위해
서 당연한 지시였고, 나는 그제야 증거 기록에 민사 합의 관련 서류가
없다는 점을 깨닫고 부끄러움에 화끈거리는 얼굴을 푹 숙이고, 판결

전에 제출하겠다고 말씀드렸다. 이런 식으로 사소하지만 중요한, 그래서 사실은 사소하지 않은 지적을 많이 받았고, 그 지적을 수행하는 과정에서 실력이 조금씩 늘었다.

어느 날 국선 사건으로 횡단보도에서 자전거로 보행자를 충돌하여 과실치상으로 입건된 할아버지 사건을 배당받았다. 벌금은 70만 원 정도였는데 약식기소된 후 정식재판을 청구했던 사건으로 기억한다. 증거 기록을 살펴보니 범행을 모두 자백하고 있었다. 그래서 사건이 쉽게 끝날 것으로 기대했다. 자백하고 반성한다고 하고 양형 자료를 조금 내면 쉽게 사건을 쳐낼 수 있을 것 같았다. 할아버지에게 연락을 시도했다.

하지만 사건이 쉽게 종결될 것이라는 기대와 달리, 혐의를 인정한다던 할아버지는 말을 바꾸어 억울하다고 주장했다. 보험사에서 보험금을 지급하고 사건이 다 끝났다는 것이다. 그 말을 듣고 증거 기록을 찾아보니 보험사에서 합의금을 지급했다는 증거가 없었다. 결국, 내가 보험사에 연락해서 합의서를 찾아 제출해야 했다. 조금 피곤해졌다.

할아버지와 소통해서 보험사를 찾아 서류를 제출하려고 하는데, 연세가 많아서 대화가 잘 통하지 않고, 전화도 잘 받지 않았다. 연락을 담당하는 우리 여직원이 매우 힘들어했다. 그런데 문제는 여기서 끝이 아니었다. 할아버지가 직원에게 수시로 욕을 하는 것이다. "내가 피해자하고 다 합의했는데 왜 재판을 가야 되노?" "내한테 전화하지 마라"고 하면서 연락을 피하고, 겨우 전화가 연결되면 "미친년" "개 같은 년" "시발" "지랄" 등 지속적인 욕설과 성적인 비속어를 쓰는 등 폭언이 이

어졌다. 우리 여직원에게 하는 것인지 피해자에게 하는 것인지 분명하지 않았지만, 이런 말을 듣는 직원은 너무 힘들어했다.

재판도 예상과 달리 한 번에 끝나지 않았다. 보험사로부터 합의서를 받아야 해서 기일이 속행되고, 겨우 합의서를 제출했으나 검사가 형사 합의로 인정할 수 없다고 해서 또 기일이 속행되고, 급기야 피해자를 증인으로 소환해서 신문하는 증인신문기일까지 잡혔다. 국선 재판에 기일 3번이라니 너무 피곤했다. 그래서 재판부에 사임신청서를 제출했다. 피고인이 직원에게 욕설을 하고 비속어를 쓰는 등 폭언을 해서 도저히 사건을 수행할 수 없으니 사임을 허가해 달라고 했다. 그리고 다음 기일에 참석했다.

이때 김 판사님께서는 평소 근엄한 모습이 아닌 자상한 형과 같은 표정과 말투로 말하셨다. "저도 공익 법무관을 하면서 힘든 의뢰인을 많이 만나 봐서 변호사님 힘든 것 충분히 이해합니다. 하지만 변호사는 피고인의 마지막 친구잖아요. 조금만 더 도와주십시오." 변호사는 피고인의 마지막 친구가 아니냐는 말에 갑자기 부끄러움이 찾아왔다. 사실 직원에게 욕설을 하는 것은 핑계고, 돈도 안 되는 국선 사건에 몇 번이나 출석해야 하는 것이 귀찮고 싫어서 사임을 하려고 했던 것이 아닌가 하는 생각이 들었다.

그리고 판사님이 이 정도로 말하는데 사임을 계속 요구하기 힘들었다. 그래서 다시 마음을 다잡고 증인신문을 준비했다. 신문기일에 피해자가 증인으로 출석했고, 나는 날카로운 질문을 준비했다. 하지만 그런 질문은 할 필요가 없었다. 증인으로 출석한 피해자가 검사의 주신문에서 "피고인의 처벌을 원하지 않는다"라는 의사를 표시했기 때문이다. 과실치상죄는 반의사불벌죄이고, 피해자가 1심 선고 전에 처벌불원의사를 표시했으므로, 사건은 그 즉시 공소기각으로 종결되었다. 이렇게 쉽게 끝나다니. 후련하면서도 허무하고 복잡한 감정이 들었다. 그러면서도 사임하지 않고 끝까지 하길 잘했다는 생각이 들었다.

그 후로 몇 년의 시간이 지났고, 이제 나도 경력이 쌓이고 후배 변호사들을 지도하는 위치가 되었다. 하지만 김 판사님께 배웠던 재판과 그날 김 판사님이 내게 했던 말이 늘 마음속에 남아 있다. "변호사는 피고인의 마지막 친구"라는 그 말. 나도 이제 후배 변호사들에게 재판을 알려 주고, 팁을 전수해 주고, 변호사로서 가져야 할 마음가짐에 대해서 알려 주고 싶다. 그리고 쉽고 간단하지만 경험하지 않으면, 누군가 알려 주지 않으면 모를 수도 있는 변론의 기술을 전해 주고 싶다. 부족한 '신입 국선 변호사 신정우'를 지도해 주셨던 그때의 김 판사님처럼.

제2부

변호사 마인드 세팅

1

변호사는 공무원이 아니다

처음 변호사시험 합격증을 들고 로펌이나 법률사무소에 취직하게 되면 가장 크게 혼란을 느끼는 부분이 바로 변호사의 정체성에 관한 부분이다. 드라마나 영화에서 봤던 변호사는 분명 "정의의 수호자" "약자의 친구" "가난한 피해자의 조력자" 뭐 이런 사람들이다. 그래서 자신의 업무도 이런 일이지 않을까 막연하게 생각하는 신입 변호사들이 있다. 하지만, 현실은 전혀 다르다. 신임 변호사의 업무가 10개라면 "정의의 수호자" "약자의 친구" "가난한 피해자의 조력자"로서 업무는 1개가 될까 말까다. 나머지는 전부 돈을 벌기 위한 경제활동이라고 보면 된다.

변호사는 같은 법조인인 판사나 검사와는 전혀 다르다. 판사나 검사는 국가로부터 급여를 받는 국가 공무원이다. 변호사는 국가로부터 돈을 받지 않는다. 오히려 변호사 협회에 등록비를 내야 한다. 돈은 의뢰인으로부터 받는다. 따라서 변호사는 사업가가 되어야 하고, 사실상 상인, 즉 장사를 하는 사람이 되어야 한다. 법적 지식을 의뢰인에게 팔고, 그 대가로 돈을 받는 사람. 이것이 변호사다. 신입 변호사를 고용한 대표 변호사는 비즈니스맨, 즉 사업가인 것이다.

결국, 변호사는 공무원이 아닌 상인이므로 비즈니스 마인드를 갖추어야 한다. 대표 변호사는 그런 비즈니스 마인드를 갖춰서 나름의 성과를 냈기에 작은 로펌이나 법률사무소라도 운영하고 있는 것이다. 따라서 대표 변호사가 원하는 신입 변호사도 이런 변호사의 정체성을 잘 이해해야 한다. 예를 들어 이기기 어려운 소송이지만 대표 변호사가 다소 무리해서 이길 수 있을 것처럼 말하면서 사건을 수임하려 한다고 하자. 이때 어쏘 변호사가 의뢰인과 상담하면서, "정의로움" "정직함"을 강조하면서, 이기기 어렵다는 점을 계속 강조한 나머지 의뢰인이 다른 로펌으로 보내 버렸다면? 사업가인 대표 변호사는 아마 곧 이런 어쏘 변호사를 해고할 것이다. "그 의뢰인은 어차피 다른 로펌에 가서도 똑같은 소송을 의뢰할 것이니, 내가 맡아서 합리적인 비용으로 최선을 다해 주고, 결과는 판사에게 맡긴다." 이런 마인드가 필요한 것이다. 이기기 어려워 보인다는 것도 결국 경험과 실력이 부족한 본인의 기준에 따른 생각 아닌가?

가능한 모든 사건을 수임하고, 그렇지 못하면 나와 내 가족이 굶어 죽는다는 자세가 필요하다. 이런 비즈니스 마인드를 갖추지 못한 변호사는 평생 다른 사람 밑에서 어쏘 변호사만 할 수밖에 없다. 의뢰인이 아무리 딱하고, 어려워 보여도 선임료를 지급할 능력이 안 된다면, 무작정 도와줄 수 없는 것이다. 어려운 의뢰인을 도와주느라 소비한 나의 시간과 월급, 나를 돕는 사무직원의 월급, A4용지 등 각종 비품, 사무실 컴퓨터 등 집기, 사무실 임대료, 전기세 등은 모두 대표의 주머니에서 나가는 비용이다. 정말로 정의롭게, 어려운 사람을 도와주고 싶다면, 본인이 그 의뢰인의 선임료를 대신 지불하면 된다. 아니면 나중에 본인이 직접 공익 법률사무소나 로펌을 설립해서 본인 비용으로 도와주면 된다.

변호사는 공무원이 아니다. 월급은 대표가 주는 것이고, 대표는 의뢰인으로부터 돈을 받는다. 변호사는 사실상 상인이다. 사건을 수임하지 못하면 나와 내 가족이 굶는다. 송무 시장에서 변호사로 버텨 내기 위해서는 이런 사실을 인정하고 받아들일 필요가 있다.

2

⌣

대표 변호사가 우스워 보인다?

직장생활을 하다 보면 어쩔 수 없이 상사 욕을 하게 된다. 나도 변호사가 되기 전 대형 마트를 운영하는 회사에서 직장인으로 3년 넘게 근무하면서, 선배, 상사 욕을 많이 했다(과장님 죄송합니다). 신입, 어쏘, 저연차 변호사 역시 직장인이므로 상사인 대표나 파트너 변호사를 뒤에서 욕하는 것은 어쩔 수 없을 것이다. 월급을 많이 주지도 않으면서 일은 많이 시키니까 욕할 수밖에 없지 않은가.

하지만, 마음속에서 진심으로 대표 변호사나 파트너 변호사를 무시하거나 우습게 생각한다면, 크게 착각하고 있는 것이다. 그런 마인드는 버리기 바란다. 물론 대표 변호사가 사법시험이나 변호사 시험을 패스한 지 오래되어 변경된 판례나 법리, 법조문을 잘 모르고 실수를 할 수 있다. 그리고 소송에서 패소해서 의뢰인이 항의하러 오면 어쏘 변호사나 사무장에게 처리를 떠넘기고 도망가기도 한다.

하지만, 앞서 설명했듯이, 대표 변호사는 비즈니스 마인드를 갖추고, 4만 명에 가까운 변호사들 틈에서 나름 비즈니스를 성공시켰고, 그 결과

어쏘 변호사를 고용할 정도로 사무실을 성장시킨 것이다. 변호사 1명을 고용하는 데 얼마나 큰 비용이 들어가는지 저연차 변호사들은 생각하지 못한다. 어쏘 변호사 기본급이 700만 원이라면, 이에 부수해서 들어가는 4대 보험료, 인센티브, 연가보상비 등 각종 비용까지 감안하면 적어도 어쏘 변호사 1인당 한 달에 1천만 원 이상이 지출된다고 보면 된다. 직원 월급과 사무실 임대료 등 운영비를 제외하고 변호사 1명을 쓰는 데 들어가는 최소 비용이 이 정도다. 개업한 동기 변호사가 성공했는지 확인하려면, 어쏘 변호사를 뽑았는지를 보면 된다는 말이 있을 정도다.

한 달에 1천만 원을 비용으로 쓸 수 있는 사람이 얼마나 될까? 그 돈이면 포르쉐를 리스할 수도 있고, 아파트 월세로 내도 강남 아파트에서 충분히 살 수 있는 돈이다. 그 정도 비용을 투자해서 어쏘 변호사를 고용했다면 분명 배울 점이 많은 사람일 것이라고 마인드를 세팅하는 것이 좋다. 대표 변호사가 어떤 구조로 사무실을 만들고 운영하는지, 수익 구조는 어떻게 되는지, 마케팅은 어떻게 하는지, 고객 상담은 어떻게 하는지, 그래서 고객으로부터 어떻게 사건을 수임해서 결국 어떻게 돈을 버는지 면밀하게 관찰하고 장점은 배우겠다는 자세가 필요하다. 그렇게 해야만 5년 또는 그 이후라도 어쏘 타이틀을 떼고 파트너 또는 대표로서 자신이 원하는 일을 할 수 있게 될 것이다. 평생 직장인으로, 어쏘 변호사로 살겠다면 굳이 그런 생각은 하지 않아도 된다. 하지만 시간이 지나면 지날수록 어리고 똑똑하고 체력 좋은, 대신 급여는 더 낮은 젊은 변호사들이 쏟아져 나온다는 사실을 알아야 한다. 그때는 어찌할 것인가.

3

신입에게 알려 줘도 아무도 안 하는 것

우리 로펌에 신입 변호사들이 들어오면 꼭 알려 주는 것이 있으니, 바로 '블로그'를 시작하라는 것이다. 하지만 아직까지 하는 사람은 거의 못 봤다. 블로그는 '글'로써 자신의 생각을 표현하는 놀이터다. 오늘 있었던 사건 상담, 경찰 조사 때 있었던 일, 재판에서 치열하게 다투었던 법적 쟁점, 승소 사례 같은 것들을 자유롭게 작성하다 보면, 글을 쓰는 실력이 자연스럽게 좋아진다.

그리고 이렇게 블로그 글이 쌓이면 자연스럽게 변호사로서 본인을 홍보하는 수단이 된다. 잘 키운 블로그 하나로 자신의 브랜드를 만들고, 이것이 나중에 개업을 하거나 파트너가 되었을 때, 고객에게 자신을 노출시키는 큰 자산이 되는 것이다. 현재는 네이버 블로그의 영향력이 많이 줄어들었다고 하지만, 아직까지 변호사 검색에서 가장 중요한 플랫폼은 네이버 블로그라는 점에 이견이 없다.

블로그의 이점은 이것만이 아니다. 블로그에 쓴 글을 잘 정리해서 묶어 내면 책을 출간할 수 있다. 블로그 글을 형식을 조금 다듬어 정리하면 그대로 유튜브 대본이 된다. 그리고 그 대본을 바탕으로 촬영한 유튜브에서 핵심적인 부분만 뽑아내면, 그것이 유튜브 쇼츠가 되고, 그대로 인스타그램 릴스가 된다. 그리고 블로그에 쓴 글을 핵심만 짧고 간결하게 정리하면 스레드 콘텐츠가 된다. 변호사를 홍보하는 플랫폼의 형태는 긴 글, 짧은 글, 긴 영상, 짧은 영상으로 다양하지만, 이것들을 관통하는 기본은 긴 글, 즉 블로그 글이다. 블로그에서 긴 글을 쓰는 연습과 훈련이 되어 있는 변호사라면, 이 콘텐츠를 바탕으로 마음만 먹으면 다른 플랫폼에 언제든지 진출할 수 있는 것이다.

블로그 글만 성실하게, 차곡차곡 써 두어도, 이를 바탕으로 책 출간, 유튜브 대본, 쇼츠, 릴스, 스레드 콘텐츠를 계속 뽑아낼 수 있는 것이다. 이렇게 설명해 줘도 아무도 안 하더라. 안 하면 본인만 손해지.

4

사건 선임 전 상담 기술

사실 신입, 저연차, 어쏘 변호사가 사건 선임 단계에서 고객 상담에 투입될 일은 많지 않다. 고객들은 대부분 네이버나 유튜브 등에서 대표 변호사나 파트너 변호사 등 유명 변호사를 검색해 보고, 그 변호사에게 사건을 의뢰하러 사무실에 방문하기 때문이다. 그리고 사무실을 운영하는 대표 변호사나 파트너 변호사 입장에서도, 고객으로부터 사건을 의뢰받고, 수임료를 받는 것이 사업상 가장 중요한 업무이므로, 신입 변호사를 사건 수임 전에 투입하는 경우는 많지 않다.

다만, 대표 변호사나 파트너 변호사가 자리를 비우고 없는데 급한 상담이 잡힌 경우 신입, 어쏘 변호사가 투입될 수 있는데, 이때 적절한 상담으로 사건을 수임하게 되면 대표가 매우 좋아한다. 사건 수임을 잘하는 변호사는 대표가 좋게 보고, 사무실을 확장하거나 추가 분사무소를 개소할 때 파트너 변호사나 분사무소 지사장 자리에 먼저 그 변호사를 생각하게 된다. 그러므로 사건 수임 전 고객과 상담을 해야 하는 경우에 필요한 필수적인 마인드 몇 가지를 소개하니, 이 정도는 신입,

어쏘 변호사라도 숙지하면 본인에게 좋을 것이다.

첫째, 우리는 변호사지 판사가 아니라는 점을 명심해야 한다. 고객으로부터 사건 설명을 들어 보면, 재판까지 갔을 때 패소가 예상되는 경우가 많다. 그래서 판사의 관점에서 "어려울 것 같습니다"라고 말하게 되면, 의뢰인은 떠난다, 다른 로펌으로. 다시 한번 강조하지만 우리는 변호사지 판사가 아니다. 판결까지 가기 전에 합의가 되어 소송이 취하되는 경우도 있고, 미처 드러나지 않은 증거가 나타나 판이 뒤집어지는 경우도 많다. 따라서 처음 상담 내용만을 바탕으로 어설프게 판사의 입장에서 고객에게 부정적인 결론을 말해서 고객을 놓치는 경우는 절대 없어야 한다.

둘째, 고객에게 가능한 자신감을 보여야 한다. 우리가 병원에 갔을 때를 생각해 보자. 몸에 암이 생겨서 병원에 갔는데 의사 선생님이 "수술이 성공할 수도 있고, 실패할 수도 있습니다. 선택은 본인 몫입니다"라고 말하면, 수술 전에 얼마나 불안하겠는가. 이런 의사한테 수술을 맡길 수 있겠나. 반대로 "어려운 수술이지만 최선을 다해서 꼭 성공시켜 보겠습니다"라고 말하는 의사가 있다면? 당연히 그 의사에게 수술을 받을 것이다. 변호사도 마찬가지다. 변호사 사무실에 오는 사람은 모두 어렵다. 100% 승소를 장담하기 어려운 사건이 대다수다. 그렇다 하더라도 의뢰인이 사건을 믿고 맡길 수 있도록 변호사가 자신감을 보여야 한다. 어떻게든 최선을 다해서 문제를 해결해 보이겠다는 의지를 보여야 사건을 수임할 수 있다.

　셋째, 100% 장담은 하지 않는다. 이건 앞선 두 번째 내용과 다소 상충하는 면이 있지만, 어쩔 수 없다. 소송은 생물이요, 살아 움직인다. 무조건 이길 것 같은 사건도 지고, 이길 수 없어 보이는 암울한 사건도 이기는 경우가 생긴다. 100% 승소를 장담했다가 패소하면 누가 책임지는가? 자신감은 보이면서도, "무조건" "100%"라는 단어를 고객에게 사용해서는 안 된다. 변호사가 나중에 소송을 당할 수도 있으니.

제3부

경찰 단계에서의 기술

1

경찰 출석요구 대응

이제 고객이 경찰의 출석요구를 받고 사건을 맡긴 상태다. 이때 중요한 것은 경찰이 정한 날짜에 반드시 출석할 필요가 없다는 것이다. 물론 강력사건이나 이미 수차례 출석 요구에 불응한 경우 등 체포가 우려되는 사건이라면 경찰이 요구한 날짜에 가능한 나가는 것이 좋고, 출석하지 않으면 경찰이 체포나 구속영장을 청구할 가능성이 있다. 하지만, 그 정도로 위험한 사건이었다면 이미 경찰이 선제적으로 긴급체포나 영장에 의한 체포 등 강제수사를 시작하였을 것이다. 따라서 제 발로 사무실에 걸어온 고객일 경우, 경찰이 지정한 출석 날짜에 출석하지 않는다고 하더라도 크게 문제될 것은 없는 것이다.

사건을 수임하면 변호인선임계를 제출하고, 경찰과 조율하여 변호사, 의뢰인, 경찰관의 시간이 모두 가능한 때로 일정을 다시 잡으면 된다. 가능한 일정을 넉넉하게 잡고 나서, 의뢰인을 불러 사실관계를 파악하고, 제출된 고소장은 열람·복사를 신청해서 고소장을 분석한 후에, 조사 연습도 한번 하고 나서 경찰 조사에 임하는 것이 기본이다.

2

경찰 조사 출석 전 사실관계 파악

의뢰인이 경찰로부터 출석 통보를 받았다면, 우선 사건이 입건된 상태이므로 사건 경위를 상세하게 파악하는 것이 매우 중요하다. 먼저 고객을 불러서 본인이 기억하는 한 최대한 사실관계를 정확히 파악해야 한다. 피해자 또는 고소인은 누구인지, 피해자를 알게 된 경위는 어떻게 되는지, 무슨 사건이 발생했는지, 사건 발생 경위는 어떻게 되는지, 사건 발생 시간과 장소, 혐의를 인정하는지 부인하는지, 부인한다면 부인하는 이유는 무엇인지, 유죄를 입증할 만한 증거가 존재할지, 목격자는 존재할지, 사건 발생 장소에 CCTV는 존재하는지, CCTV가 존재한다면 영상 보존 기간이 지났을지 등 모든 것을 물어보고 사실관계를 정리하여야 한다.

다시 한번 강조하지만 사실관계 파악은 매우 중요하다. 신입, 어쏘, 저연차 변호사들은 사실관계 파악을 소홀히 하고, 법리 적용을 우선 검토하는 신수를 많이 한다. 예를 들어 남자가 여성의 손을 만진 강제추행 사건이라면, 신입급 변호사들은 손을 만진 것이 엉덩이나 가슴

만진 것과 같은 성적인 의도를 가진 추행과 동일하게 평가될 수 있는 지에 대한 판례와 법리를 우선 검토한다. 하지만 그 전에, 손을 만진 사실 자체가 없다고 인정되어 버리면 사건은 그대로 승소로 끝난다. 간략히 설명했지만, 매우 중요한 부분이다. 반드시 사실관계를 먼저 유리하게 만들어라. 법리는 그다음이다.

3

고소장 열람·복사

　한편, 고소된 사건이라면 고소인이 제출한 고소장에 대한 열람·복사를 신청할 수 있다. 고소장이 자세하면 자세할수록 상대방의 주장을 파악하기 쉽고, 이에 대응해서 상세하게 답변이 가능하므로 오히려 피의자에게 유리하다.

　반대로 고소를 하는 경우라면 상대방의 고소장 열람·복사를 대비하여 고소장은 적당히 작성하고, 고소보충이유서나 변호인의견서 등 다른 양식으로 최대한 자세하게 고소 이유를 기재하는 것도 방법이다. 경우에 따라서 고소장 외에 고소보충이유서나 변호인의견서는 열람·복사가 제한되는 경우도 있기 때문이다.

　여기서 한번 더 반대로, 피의자라면 고소장 열람 복사를 신청할 때, 고소장뿐만 아니라 상대방이 고소보충이유서나 변호인의견서로 고소 내용을 갈음하는 경우를 예상하여, 고소장에 더하여 고소보충이유서나 변호인의견서도 함께 열람 복사를 신청할 필요가 있다. 물론 고소장 외에는 더 공개해 주지 않는 경우가 많다.

4

조사 전 예행연습

경찰 조사 일정이 확정되었다면, 그 전에 의뢰인을 사무실로 불러서 경찰 조사 예행연습을 진행해야 한다. 경찰이 질문할 사항에 대해서 피의자가 어떻게 답변해야 하는지 연습하는 단계다. 특히, 무죄를 주장하는 사건이라면 예행연습은 필수다. 현재까지 파악된 사실관계를 바탕으로, 경찰이 어떤 질문을 할지 사전에 정리해서 의뢰인에게 질문하고, 의뢰인의 답변을 들어 본 뒤 부적절한 부분을 수정하고 적절한 답변을 알려 주는 것이다.

경찰의 질문사항은 100% 알 수는 없지만, 드러난 사실과 증거, 복사한 고소장 등을 기초로 경찰 질문을 예상해서 작성한다. 로펌이라면 선배 변호사나 다른 변호사들에게 도움을 받을 수도 있고, 요즘은 법률 AI가 잘되어 있기 때문에 AI의 도움을 받을 수도 있다. 변호사로서 이 사건의 법적 쟁점이 무엇인지, 범죄 구성요건은 무엇인지, 구성요건을 입증하기 위해서 필요한 증거는 무엇인지, 범죄 고의를 입증하기 위해 필요한 피의자의 답변은 어떤 것일지 차분히 생각해 보면, 경찰

신문 사항을 어느 정도 사전에 구성해 볼 수 있다.

　의뢰인과 직접 조사 연습을 하는 과정에서 생각하지도 못했던 진술이 나오거나, 놓쳤던 쟁점을 발견하기도 한다. 의뢰인이 말도 안 되는 실수를 하는 경우도 있다. 조사 연습 과정에서 변호사도 미처 몰랐던 사실적, 법리적 쟁점이 드러날 수 있으니, 조사 예행연습은 선택이라기보다는 필수다.

5

경찰 피의자 조사

이제 경찰과 의뢰인, 변호사가 날짜를 조율한 날짜에 경찰서에 출석해서 조사를 받는 단계다. 조사를 받을 때는 우선 경찰과는 다투지 않는 것이 좋다. 경찰도 사람인지라 변호인이 적대적으로 나오고, 피곤하게 한다면 좋게 봐줄 마음이 사라진다. 검경 수사권 조정으로 경찰이 사건을 종결할 수 있는 권한도 생기다 보니 경찰과 좋은 관계를 유지하는 것이 도움이 될 때가 많다.

조사를 시작하기 전에 공손하게 인사를 하는 것은 기본이다. 그리고 본격적인 조사를 시작하기 전에 우리 의뢰인에게 어떤 혐의가 적용되는지, 피해자의 입장은 어떤지, 좋게 마무리될 가능성이 있는지 등에 관해서 조사 외적으로 공손하게 질문해 볼 수 있다. 이러한 질문에 경찰이 반드시 대답해 줄 의무는 없지만, 변호사가 공손하고 예의 바르게 질문한 경우, 경찰들도 가능한 한도 내에서 친절하게 답변해 주는 경우가 많았다.

그리고, 조사를 할 때 직접 조사를 하는 경찰관 외에, 뒤에 앉아서 참관하는 경찰관이 있는데, 협의를 부인하면서 치열하게 다투거나 중요한 사건이 아닌 경우에는, "참관하시는 경찰관님은 이의제기 하지 않을 테니 바쁘시면 일 보시라"고 권할 수 있다. 이러한 권유는 변호사가 절차상 까다롭게 굴지 않고, 조사에 협조하면서도 경찰관을 배려한다는 인상을 줄 수 있어 수사에 알게 모르게 도움이 된다.

조사가 진행되는 과정에서는 경찰의 질문을 잘 듣고 변호사가 명확히 그 의도를 파악해야 한다. 그래서 피의자인 의뢰인이 잘못 답변하거나, 의도에 맞지 않는 대답을 하는 경우, 답변을 즉시 수정해 주어야한다. 피의자를 대신해서 변호사가 답변하는 것은 안 되지만, 조사를 방해하지 않는 선에서 경찰관에게 양해를 구하고 질문 내용을 의뢰인에게 설명해서 연습한 대로, 우리 주장의 취지에 맞는 답변을 유도해서 경찰관에게 다시 답변하도록 조력하는 것은 변호인의 권리이자 의무다. 그리고 조사 과정에서 추가로 필요한 자료를 경찰이 요청하면, 잘 메모했다가 신속하게 제출하는 것은 기본이다.

그런데, 경찰도 워낙 많고 다양하기 때문에 말도 안 되는 소리를 하는 경찰이 분명히 있다. 법리에 맞지도 않는 질문, 필요 없는 질문, 의뢰인을 유죄로 단정하고 빈정거리거나 비아냥거리는 질문, 협박성 질문 등. 조사 때는 분명 경찰을 존중하고 성실하게 임해야겠지만, 위와 같이 헛소리를 하는 경찰을 만난다면, 당당하게 대처하는 것도 필요하다. 무조건 '을'의 입장에서 머리를 조아릴 것이 아니라 당당하게 조사에 임하고, 묵비권을 행사하고, 조사가 끝난 뒤에는 청문감사관실에 민원을 제기해서 수사관 교체도 요청해야 한다. 친한 경찰에게 들은 바에 따르면,

경찰들은 생각보다 민원을 귀찮아하고 때로는 두려워한다.

경찰 조사가 끝이 아니라 검찰 및 재판 단계에서 무죄를 입증할 자신이 있다면 때로는 당당할 필요도 있다. 내 경험상 20~30번 수사를 받으면 1번 정도는 조사관 때문에 화가 나는 경우가 있는 것 같다. 하지만 화가 난다고 무조건 경찰과 대립해서는 안 되고 무조건 어떤 태도가 의뢰인에게 유리한지 판단해야 한다. 화가 나도 의뢰인에게 유리하다면 머리를 조아려야 하고, 또 어떨 때는 당당하게 나가야 한다. 의뢰인의 이익이 최우선이고 기준점이다.

조사가 끝나면 조서를 꼼꼼히 검토하고 잘못된 부분은 수정을 요청해야 한다. 수정을 요청하면 경찰이 해당 부분을 다시 출력해 주거나, 수기로 '삭' '가' 해서 고치고 지장을 찍기도 한다. 조서 검토가 끝나면 변호사도 조서에 서명을 한다. 이런 절차는 형사 소송이 전자소송화되면서 점차 사라지는 추세다. 그리고 조서 작성이 끝나면, 다시 수사관에게 조서 외적으로 정중하게 처분이 언제쯤 나올지, 과연 송치를 피할 수 있을지, 피해자와 합의는 가능한지, 피해자의 합의 의사를 물어보고 변호사 사무실로 통보해 줄 수 있는지 등을 질문할 수 있고, 대부분의 경찰관들은 가능한 범위 내에서 친절하게 답변을 해 준다.

6

거짓말 탐지기 조사 요청

의뢰인의 무죄를 입증할 증거는 없고, 피의자의 진술보다는 피해자의 진술에 더 무게를 두는 분위기가 감지될 때, 상황이 어렵지만 의뢰인은 계속해서 무죄를 주장할 때, 과감하게 거짓말 탐지기 조사를 요청할 수 있다. 거짓말 탐지기 조사 결과의 정확성은 상당히 높다고 알려져 있다. 하지만 결과의 정확성은 90% 내외로 알려져 있고, 100%는 아니다. 100%라면 수사기관이 조사를 할 필요 없이 모두 거짓말 탐지기 조사만 하면 될 것이다.

거짓말 탐지기 조사를 요청하면 변호사로서 몇 가지 이점이 있다. 첫째로, 우리 의뢰인의 진심을 엿볼 수 있다. 모두 처음에는 자신이 결백하고 진실만을 말한다고 하지만, 막상 거짓말 탐지기 조사를 받겠냐고 물어보면, 꼭 받아야 하냐고 되묻는다. 그래서 꼭 받아야 한다고 하면, 그때 진심을 말하는 경우가 많다. "변호사님 사실은⋯"이라면서.

둘째, 어려운 상황을 타개할 해법이 될 수 있다. 서로 진술이 상반되는 과정에서 피해자의 진술에 무게를 두고 있었다 하더라도, 거짓말 탐지기 조사 결과 피의자의 진술이 진실이고, 피해자의 진술이 거짓으로 나왔다면, 수사기관에서도 이를 무시하기는 어렵다. 따라서 수사의 흐름이 바뀔 수 있는 것이다.

셋째, 거짓이 나와도 완전히 끝난 것은 아니다. 거짓말 탐지기 조사 결과는 재판에서 피고인이 부동의하면 증거능력이 없다. 따라서 만약 우리에게 불리하게 결과가 나오더라도 증거 부동의로 증거 사용을 배제할 수 있다. 물론 검사 측에서 진술 신빙성 탄핵증거로 사용이 가능하고, 이 부분이 우리에게 불리한 것은 맞지만, 거짓말 탐지기 조사결과가 거짓이라는 것이 꼭 유죄로 직결되는 것은 아니기에, 상황이 어려울 때는 시도해 볼 가치가 있는 것이다.

제4부

검찰 단계에서의 기술

1

송치이유서, 피의자 신문조서 분석

검찰 단계에서 사건이 선임되었다면, 제일 먼저 해야 할 것은 피의자신문조서 열람·복사 신청을 통한 피신조서 분석이다. 검찰 단계에서 사건이 수임되었다는 것은 이미 경찰이 피의자를 조사했고, 유죄라고 판단했고, 그래서 검찰로 송치했다는 것이므로, 경찰 피의자신문조서가 존재한다. 따라서 변호사는 피의자신문조서를 신속히 확보하여 분석해야 한다. 피신조서를 보면 피의자의 혐의가 무엇인지, 경찰에서 한 어떤 대답이 문제가 되어서 유죄 취지로 송치되었는지, 경찰이 확보한 증거는 대략 어떤 것이 있는지 파악이 가능하다.

경찰이 사건을 검찰로 송치하면서 작성한 송치이유서도 열람·복사 신청이 가능하다. 피신조서와 더불어 경찰 송치이유서까지 본다면, 피의자에 대한 혐의를 파악할 수 있다. 이후에 피의자인 의뢰인을 불러 경찰에서 왜 이렇게 진술했는지, 진술한 부분이 사실인지, 경찰이 이러저러한 증거를 확보한 것 같은데 이를 무너뜨릴 만한 증거는 있는지 등을 물어보면서 재판 대응 전략을 수립할 수 있다.

의뢰인과 상담한 결과, 무죄 주장이 가능하다면 검찰에 무죄 취지의 의견서를 신속히 작성하여 제출하면 된다. 반대로 무죄 주장이 어렵다면 다른 방법을 생각해 봐야 한다. 범죄 혐의가 중대한지, 합의는 가능한지, 합의하면 기소유예 처분은 받을 가능성이 있는지 두루 살펴봐야 한다. 그래서 합의가 되면 기소유예 또는 공소권 없음으로 종결 가능하다면, 즉시 검찰에 연락해서 "합의를 위한 시간을 달라" "처분 기간을 늦춰달라" "형사 조정으로 회부해 달라"라고 요청하면서 시간을 벌고, 합의를 시도해야 한다.

한편, 기소유예가 나오기 어려울 정도로 중대한 사건이고, 재판으로 가서도 유죄를 피하기 어려울 것 같은 경우에도 검찰 단계부터 합의를 시도하면 좋다. 합의된 상태로 재판에 회부되면, 아무래도 검사 구형이 낮아지고, 양형에도 좋은 영향을 미치게 되는 것은 당연하다.

2

처분 기간 유예 요청

검찰 단계에서 사건이 수임되었고, 사건을 검토하고 있는데 검사가 빠르게 처분을 해 버리는 경우가 종종 있다. 이때 검사가 불기소 처분을 해 버리면 "변호사가 의견서도 제출하기 전에 처분이 나왔으므로 수임료 반환해 달라"라는 이슈가 발생한다. 반대로 검사가 기소처분을 하면 "변호사가 신속하게 대응했더라면 기소를 막을 수 있었던 것 아니냐"는 클레임에 걸릴 수 있다. 여러모로 일이 복잡해진다.

따라서 일단 검찰 단계에서 사건을 수임하면, 신속하게 담당 검사실에 연락해서 "의견서를 제출할 테니 처분을 미뤄 달라"라고 요청해야 한다. 의뢰인을 면담하고, 경찰 송치이유서와 피신조서를 열람하고 사건을 파악해서 대응책을 마련하는 데 적어도 2주가 걸린다. 따라서 검찰에 전화해서 최소 2주 이상 처분을 미뤄 달라고 요청해야 한다. 그러면 검사실도 다른 사건들이 많기 때문에 실무상 처분을 늦춰 준다.

이렇게 우선 시간을 확보한 이후에 사건을 파악해야 한다. 그리고 피해자와 합의가 필요한 상황이라면, 피해자에게 합의 의사를 확인해 달라고 검찰에 요청할 수도 있다. 그러면 검찰에서 피해자에게 합의 의사가 있는지 물어보고, 합의 의사가 있다면 연락처를 변호사 사무실로 알려 주게 된다. 그러면 변호사 사무실에서 피해자에게 연락하여 합의를 진행할 수 있는 것이다. 아니면 형사조정을 신청해서 조정을 시도할 수도 있다.

3

⌣

형사 조정 신청

검찰 단계까지 왔는데, 사건을 검토해 본 결과 무죄를 받아 내기 어려운 사건이라는 판단이 든다면, 피해자와 합의하는 방법으로 "형사조정"을 신청해 볼 수 있다. 형사조정제도는 피의자와 범죄피해자 사이의 형사분쟁을 공정하고 원만하게 해결하여 범죄피해자가 입은 피해를 실질적으로 회복하는 데 목적이 있는 제도다. 형사조정의 대상이 되는 형사 사건은 차용금, 공사대금, 투자금 등 개인 간 금전거래로 인하여 발생한 분쟁으로서 사기, 횡령, 배임 등으로 고소된 재산범죄 사건과 개인 간의 명예훼손·모욕, 경계 침범, 지식재산권 침해, 임금체불 등 사적 분쟁에 대한 고소 사건이 있다. 그리고 위와 같은 사건 외에 형사조정에 회부하는 것이 분쟁 해결에 적합하다고 판단되는 고소 사건이 포함되므로, 사실상 대부분 형사 사건에서 조정신청이 가능하다.

형사조정 신청이 기각되는 경우도 물론 있지만, 실무에서는 형사 조정신청이 받아들여지는 경우가 많다. 일단 조정신청이 받아들여지면 조정기일이 잡히고, 변호사는 조정기일에 당사자와 함께 검찰청에 출석하여 피해자 또는 피해자의 대리인과 협상을 한다. 변호사 혼자 대리인 자격으로 출석하는 것도 가능하다. 협상의 내용은 당연히 합의금, 즉 '돈'이다. 피해자는 최대한 많은 돈을 원하고, 피의자는 최소한의 돈을 원한다. 이 간극을 조정 절차를 통해서 줄여 나간다. 조정위원으로 참석하신 분들은 검사님은 아니지만 사회적으로 지식과 명망이 있으신 분들로서, 가능한 조정이 성립할 수 있도록 도와주신다.

조정이 성립하면, 조정조서가 작성되고 검사에게 보고되어 검사 처분의 참고자료가 된다. 조정은 민·형사 모두 합의하는 것도 가능하고, 형사 합의만 하는 것도 가능하다. 변호사는 가능한 합의를 할 때 "향후 민·형사상 이의를 제기하지 않는다"라는 문구를 꼭 삽입하도록 하여, 의뢰인이 이후에 민사 소송을 당할 위험을 없애 주어야 한다.

조정이 성립되면 친고죄나 반의사불벌죄 같은 경우는 당연히 그대로 사건이 종결된다. 그리고 그 외 가벼운 성범죄나 재산범죄 같은 경우 '기소유예' 처분이 나오는 경우도 많다. 따라서, 무죄 주장이 어려운 경우에는 검사가 기소하기를 기다리지 말고 형사조정을 신청해서 합의를 시도해 보는 것이 꼭 필요하다.

제5부

체포, 구속 단계에서의 기술

1

현행범 체포

잘 아는 것처럼 체포에는 현행범 체포와 긴급체포, 영장에 의한 체포가 있다. 이 중에서 석방 가능성이 가장 큰 것은? 현행범 체포다. 각 체포의 요건에 대해서는 이미 로스쿨에서 많이 공부했고 시험도 봤을 것이고, 신입 변호사들이 더 잘 알 것이기 때문에 설명할 필요는 없을 것이다.

실무상으로 긴급체포나 영장에 의한 체포는 경찰이 일정 기간 수사를 진행하고, 증거도 수집한 이후에 신병확보의 필요성을 느껴 진행하는 절차임에 반해서, 현행범 체포는 신고를 받고 출동한 경찰에 의해서 즉흥적으로 체포되는 경우가 많다. 현행범으로 체포된 상태에서 피의자 가족에 의해서 변호인으로 선임이 되면, 빠르게 경찰서 유치장으로 접견을 가야 한다. 접견을 가는 데 어떤 서류가 필요한 것은 아니다. 경찰서 유치장에 가면 접견신청서 양식이 다 비치되어 있다. 변호인선임계를 만들 시간이 있다면 미리 만들어서 경찰에 제출하면 되고, 선임계를 만들 시간이 없다면 그냥 가도 된다.

피의자를 접견하고 사건 경위를 상세히 파악한 결과, 현행범이긴 하지만 사안이 크게 중하지 않은 경우, 피의자와 협의하여 범행을 자백하고 선처를 구한다면, 당일 즉시 석방될 수도 있다. 반대로 사안이 엄중하다면 경찰이 구속영장을 신청할 것이므로, 구속영장실질심사에 대비해야 한다.

아무튼, 현행범 체포의 핵심은, 생각보다 경미한 사건으로도 체포되는 경우가 많다는 것이고, 따라서 의뢰인과 잘 협의하여 범행을 자백하면, 당일 출소도 가능하다는 사실이다.

2

긴급체포와 영장에 의한 체포

긴급체포 또는 체포영장에 의해서 체포되었다면, 사안의 중대성이 인정되므로 경찰이 자발적으로 피의자를 석방해 줄 가능성은 없고, 대부분 구속영장을 신청할 것이다. 체포된 이후 48시간 이내에 구속영장을 청구해야 하므로 체포 직후에 신속하게 경찰 조사가 이루어지는 것이 보통이다.

긴급체포 또는 체포영장에 의해서 체포되었다면 즉시 가족이나 보호자에게 통지하게 되어 있는데, 가족이 통지를 받고 변호사를 선임하면, 변호사는 보통 1회 경찰 조사 직전에 선임되거나 1회 경찰 조사가 끝난 다음에 선임된다. 피의자는 대부분 체포된 경찰서의 유치장에 구금되어 있는데, 변호사는 선임되는 즉시 유치장으로 달려가야 한다.

긴급체포나 체포영장에 의해서 체포된 사건에서 변호사는 즉시 석방보다는 구속영장실질심사에 초점을 맞추어 대응해야 한다. 앞서 설명한 것처럼 현행범 체포의 경우 사안의 경중과 무관하게 체포되는 것이므로 의외로 사안이 가벼워 48시간 이내에 석방될 가능성이 있지만,

긴급체포나 영장에 의한 체포는 대부분 사안이 중대하여 구속영장이 청구되기 때문이다.

긴급체포 또는 영장에 의한 체포 사건에서, 1회 경찰 조사 전에 변호인으로 선임되었다면, 우선 조사 전 피의자와 면담을 통해 사실관계를 최대한 파악해야 한다. 사실관계를 파악한 결과 혐의를 부인하고 무죄를 다툴 가능성이 있다면 의뢰인과 머리를 맞대고 경찰이 확보하고 있을 증거를 추측해 봐야 한다. 그리고 이에 따라서 경찰이 질문할 내용, 의문을 가질 내용 등에 대해서 최대한 합리적으로 설명할 방법을 찾아야 한다.

면담 직후 1회 조사가 시작되는 경우가 대부분이므로, 변호사의 현장 대응, 임기응변이 매우 중요하다. 중요한 것은 실제로 의뢰인이 무죄라면 생각보다 답변하기가 어렵지 않고 수월하며, 논리적 일관성이 의도하지 않아도 갖추어진다는 것이다. 하지만 면담 결과 혐의를 부인하기 어려운 사건이라면, 깔끔하게 혐의를 인정하는 것도 구속영장실질심사에 도움이 되는 전략이다. 혐의를 처음부터 인정하고 반성하는 자세를 보이면, 증거인멸의 우려가 없어지는 것이므로, 향후 이어질 구속영장실질심사에서 석방 가능성이 커진다. 혐의가 명백한데도 계속해서 부인하다가는 도주 및 증거인멸 가능성이 크다고 판단되어 구속될 가능성이 더 커지는 것이다.

1회 조사 이후에 변호인으로 선임되었다면, 1회 피의자신문조서를 열람·복사 신청을 통해서 꼭 확인할 필요가 있다. 시간이 없다면 조사 전 열람이라도 요청에서 피신조서를 읽어봐야 한다. 피의자신문조서에 대해서는 열람 요청이 가능하다. 경찰 조사에서 '진술의 일관성'은 매우 중요하므로, 반드시 1회 진술 내용을 파악해서 피의자가 2회 진술에서 다른 말을 하지 않도록 주지시켜야 한다. 물론, 1회 조사 때 혐의를 부인했으나 변호사가 확인한 결과 혐의를 부인하기 어려운 경우로 판단한다면, 2회 조사 때라도 혐의를 인정하는 것이 좋다. 이것이 향후 구속영장실질심사에서 석방 가능성을 높이는 방법이다.

결론은, 긴급체포나 체포영장에 의해서 체포된 경우, 경찰이 자발적으로 석방할 가능성은 크지 않으므로, 변호사는 향후 구속영장청구 및 이에 따른 구속영장실질심사에 초점을 맞추고 변호를 진행해야 한다는 것이다.

3

구속영장실질심사

구속영장이 청구되었다면 보통 1~2일 이내에 구속영장실질심사 재판이 열린다. 피의자 또는 그 가족으로부터 구속영장이 청구되었다는 소식을 듣게 된다면, 변호사는 '법원 영장계'에 변호인선임계와 함께 '구속영장청구서 사본 교부 신청서'를 제출하여, 구속영장청구서 사본을 최대한 빨리 확보해야 한다. 구속영장청구서 사본이 확보되었다면 영장청구서 기재 내용을 최대한 면밀하게 분석해서 사실관계를 파악해야 한다. 그리고 경찰서 유치장에 구금된 피의자를 접견하여, 함께 영장청구서를 보면서 사실관계를 확인하고 대응전략을 짜야 한다.

구속영장실질심사는 영장청구 이후 1~2일 이내에 이루어지므로 시간이 절대적으로 부족하다. 따라서 신속하게 구속영장청구서사본교부신청, 영장청구서 분석, 피의자 접견을 실시해야 하고, 이후에 사무실로 돌아와서 변호인의견서를 작성해야 한다. 의견서는 우편으로 접수하면 판사님이 받아 볼 시간이 없으므로 바로 법원에 접수하거나, 영장실질심사 재판 중에 직접 제출해도 된다.

변호인의견서와 변론의 내용은, "피의자는 형사소송법상 구속 사유에 해당하지 않는다"는 점을 주장하고 입증하는 것이다. 혐의를 인정한다면, 혐의를 인정한 마당에 증거를 인멸할 이유가 없고, 피해자의 피해를 회복하기 위한 돈이나 합의금 마련을 위한 시간이 필요하다는 등의 사유를 이유로 석방을 주장할 수 있다. 혐의를 부인한다면 방어권 보장과 형사소송법상 불구속 수사 원칙, 수사 편의만을 위한 구속은 심각한 인권침해라는 주장 등을 하면서 석방을 주장할 수 있다.

중요한 것은 변호사가 사건을 빠르게 분석하고, 유죄 인정으로 갈지 무죄 주장으로 갈지 판단하는 것이다. 무죄 가능성이 매우 낮은 사건에서 어설프게 무죄를 주장했다가는 도주 및 증거인멸 우려로 구속될 위험이 더 커질 뿐이다. 반대로 무죄 가능성이 큰데도 석방만을 위해서 죄를 자백했다가는 나중에 억울하게 유죄 판결을 받게 될 수도 있으니 신중해야 한다. 여러모로 변호사의 경험과 노하우, 예리한 직관과 촉이 필요한 부분이다.

4

구속적부심사

　블로그나 ChatGPT 등을 통해서 사전에 공부하고 온 고객 중에 구속적부심사를 청구해 달라고 주장하는 사람들이 종종 있다. 하지만 구속적부심사는 안 된다고 보면 된다. 2020년 기준, 구속적부심의 기각률이 93.3%라는 조사결과도 있다.

　구속적부심이 인정되기 위해서는, 기존 구속과정에 절차적 하자가 있어 구속이 적법하지 않거나, 구속의 필요성이 없는 경우에 인정된다. 그런데 실무에서 신입, 어쏘, 저연차 변호사가 맡은 일반적인 사건에서 구속의 절차적 하자가 인정되는 경우는 매우 드물다. 거의 없다고 보면 된다. 그리고 구속의 필요성은 이미 구속영장실질심사 과정에서 인정되었기 때문에 특별한 사정변경이 없다면 구속적부심사에서 석방 결정을 받기는 매우 어려운 일이다.

　위에서 설명한 '특별한 사정변경'이란, 피해자가 있는 사건에서 구속 이후에 피해자와 합의가 이루어진 경우, 피의자의 건강상태가 급격하게 나빠져 생명에 지장이 발생하게 된 경우, 피의자의 가족 중 긴급한

환자가 발생했는데 피의자 외에 보호자가 없는 경우, 새로운 증거가 발생하여 피의자에 대하여 범죄 혐의가 있다고 보기 어려워진 경우 등을 말한다. 말하고 보니 역시 모두 어려운 것들이다.

정리하면, 의뢰인이 구속적부심을 신청해 달라고 하면 신청해 줄 수는 있으나 인용될 가능성이 매우 낮다는 사실을 사전에 고지할 필요가 있다는 것이다.

5

보석신청

보석신청도 사실 어렵다. 보석신청은 피고인을 대상으로 하므로, 원칙적으로 기소된 이후에 보석신청을 할 수 있다. 기소 전이라면 구속적부심사 단계에서 보증금을 내고 석방되는 '피의자보석' 또는 '기소전보석'이라는 제도가 있긴 하지만 실무에서 많이 인정되지 않는다. 기소 이후 보석신청도, 사실 잘 인용되지 않는 편이다.

형사소송법 제95조에 보면 필요적 보석이라고 해서, 형소법 제95조 각호에 해당하지 않으면 필요적으로 보석이 인용되어야 하고, 형소법 제96조에서 임의적 보석으로서 필요적 보석 제외사유가 있어도 법원의 판단에 따라 보석이 가능한 것처럼 규정하여, 보석이 활발히 인용되는 것처럼 오해할 수 있지만 실무적으로는 그렇지 않다.

기소되고 나서 보석을 신청하고 나면 기각결정이 며칠 후 나오기도 하고, 1심 판결 선고기일에 기각결정이 1심 선고와 함께 나오기도 한다. 형사소송규칙상 법원은 특별한 사정이 없는 한 보석 또는 구속취소의 청구를 받은 날로부터 7일 이내에 그에 관한 결정을 하여야 하는

데, 실무에서는 7일 이내에 결정이 나오지 않는 경우도 많다.

고객들이 보석신청을 요청하는 경우가 많고, 고객들의 요구를 무조건 안 된다고 묵살할 수도 없으므로, 어쩔 수 없이 보석신청을 하는 경우가 있을 것이다. 하지만, 그런 경우라도 분명히 고객들에게 보석신청이 쉽게 인용되지 않는다는 점, 결정이 늦게 또는 1심 선고와 함께 나올 수도 있다는 점을 사전에 고지해야 한다. 그래서 보석신청 기각 또는 결정 지연으로 인해 발생하는 고객 클레임을 사전에 차단해야 할 것이다.

6

거짓말 탐지기 조사

거짓말 탐지기 조사는 수사 진행 상황에 따라서 다르게 판단해야 하는데, 여러 경우의 수가 있다. 첫째, 상황이 유리하게 돌아간다고 판단되면 거짓말 탐지기 조사에 응할 필요가 없다. 범죄의 증명 책임은 수사기관에 있는데 범죄 입증이 어려워 보이는 상황이라면, 그런데 수사기관에서 범죄를 의심하면서 거짓말 탐지기 조사를 권유한다면, 수사기관에서 자신들의 입증 곤란을 해소할 방법으로 거짓말 탐지기 조사를 권유하는 것으로 볼 수 있으므로, 받아들일 필요가 전혀 없는 것이다. 괜히 나는 떳떳하다며 조사에 응했다가 거짓이라도 나온다면 상황만 복잡해질 뿐이다.

둘째, 상황이 애매해 보이는데 피의자가 무조건 확실히 자신은 결백하다고 하고, 수사기관에서도 송치를 고민하는 상황이라면? 의뢰인의 의사를 확인해서 거짓말 탐지기 조사에 응해 볼 필요가 있다. 진실이 나온다면 쉽게 사건을 마무리할 수 있기 때문이다. 하지만 위험부담이 있기 때문에 의뢰인에게 조사 참석을 강권해서는 안 된다. 혹시나 거짓이 나오면, 수사기관의 심증이 유죄로 굳어 버릴 수 있기 때문이다.

셋째, 상황이 매우 어렵다면? 그런데 의뢰인이 무죄 주장을 굽히지 않는다면? 이럴 때는 자진해서 거짓말 탐지기 조사를 요청하는 것이 필요하다. 밑져야 본전이기 때문이다. 진실이 나오면 좋은 것이고, 거짓이 나오더라도 더 나빠질 것이 없다. 거짓말 탐지기 조사결과 거짓이 나오면, 그때야 변호사에게 자신의 범죄사실을 사실대로 말하는 의뢰인도 종종 있다. 거짓말 탐지기 조사결과는 재판에서 부동의하면 유죄의 증거로 사용할 수도 없으므로, 상황이 어려운 경우, 상황 반전 카드로서 거짓말 탐지기 조사를 자진해서 요청해 볼 수 있다. 물론 피해자도 같이 조사를 받는 조건으로 하는 것이 더 확실할 것이다.

재판 단계에서의 기술

1

공소사실 인부

형사재판 첫 기일에 진행하는 공소사실 인부 부분에서 신입, 어쏘, 저연차 변호사들이 많은 실수를 저지른다. 증거 인부 절차에서 판사님이 변호인에게 공소사실을 인정하는지 부인하는지 질문했을 때, "대체적으로 인정합니다"와 같이 대답하면, 이는 실수이고 잘못 대답한 것이다. "대체적으로 인정한다"는 것은 인정한다는 것인가, 아니면 부인한다는 것인가? 애매하다. 애매하게 잘못 대답한 것이다. 혐의를 대부분 인정한다면, 그냥 인정한다고 하고, 일부 양형에서 참작할 사유로 주장하면 된다. 아니면 혐의를 일부만 인정하고 일부는 부인하고, 부인하는 취지를 진술하면 된다.

"대체적으로 인정한다"라는 대답은 공소장에 기재된 내용 중에 의뢰인이 "이 부분은 사실이 아니다"라고 지적했는데, 그 부분이 대세에 큰 영향을 미치는 부분이 아닌 경우에 많이 나온다. 예를 들면, 보이스피싱 현금 수거책 사건의 공소장에는 주범과 공범이 "순차로 공모하여"라고 기재되는 경우가 많은데, 현금 수거책인 의뢰인은 주범과 "순차로 공모한 사실"이 없다 라고 하면서, 공소장이 잘못됐다고 주장한다.

하지만 이런 공소장의 표현은 법적으로 봤을 때 문제가 없다. 그리고 현금 수거책 혐의가 인정되는 데도 문제가 없다. 이런 경우 변호사는 법률전문가가 아닌 의뢰인에게, 일부 표현이 잘 이해되지 않더라도 법적으로 문제가 없고, 대세에 지장도 없으므로 전부 인정하고 반성하는 게 좋은 판결을 받는 데 유리하다는 점을 알려 주어야 한다. 그리고 혐의를 전부 인정한다고 진술하는 게 감형을 받는 데 좋다는 점을 잘 설명하고 설득해야 한다. 그래서 법정에서 "대체로 인정한다"라는, 인정도 부인도 아닌 애매한 표현을 하지 않도록 조심해야 한다.

2

입증취지 부인

1심 재판에서 사실관계에는 다툼이 없는데, 법리적으로 죄가 인정될 것인지 애매한 사건이 있다. 또는, 변호사가 봤을 때는 유죄가 인정될 가능성이 매우 큰데, 의뢰인이 죽어도 자기는 무죄라고 주장하는 경우가 있다. 이런 경우에 공소사실 인부 단계에서 하는 진술이 '입증취지 부인'이다.

강제추행죄를 예로 들면, 판사님이 증거에 관한 의견을 밝히라고 할 때, "증거로 사용함에는 전부 동의하고, 다만 입증취지는 전부 부인합니다" "피고인이 고소인의 손을 잠시 잡은 사실은 있으나, 단지 지인 사이에서 손금을 봐 주기 위한 행위였을 뿐이고, 추행의 고의는 없었다는 취지입니다"라고 진술하면 된다. 우리는 무죄를 주장하므로, 검사가 제출하는 증거 기록을 모두 판사님이 보시고 유죄인지 무죄인지 판단해 달라는 뜻이다.

이렇게 하는 이유는, 사실관계를 인정하는 재판에서 굳이 고소장이나 진술조서 등을 부동의해서 증인을 불러 시간을 지체할 필요가 없기 때문이다. 또한, 변호사가 봤을 때 유죄로 보일 정도라면, 판사님이 봤을 때 유죄로 인정할 가능성이 훨씬 크므로, 굳이 절차를 길게 끌어 판사를 피곤하게 할 필요가 없기 때문이다.

한편, 죄가 인정될 것으로 보이는데 의뢰인이 끝까지 무죄를 주장하는 경우가 종종 있다. 이때는 위에서 설명한 것처럼 입증 취지를 부인하되 "가사 죄가 인정된다고 판단하시더라도, 이러저러한 사정을 살펴서서 관대한 형을 선고해 주시기 바랍니다"와 같이 양형 변론을 하면서 최소한의 안정 장치를 마련해 두는 것도 좋다.

3

증거에 관한 의견서 사전 제출

　무죄를 주장하는 형사 사건에서 증거에 관한 의견서는 표로 만들어서 사전에 제출하는 것이 좋다. 간단한 사건인 경우는 법정에 출석해서 말로 진술해도 상관없다. 하지만 기록이 많은 사건은 사전에 동의, 부동의, 내용부인 등 의견을 표로 정리하여 제출하지 않으면, 법정에서 혼란이 발생할 수 있다.

　법정에서 증거에 관한 의견을 일일이 말로 하면, 판사가 변호사가 진술하는 것을 모두 체크해야 하는데 그 과정에서 실수가 나올 수도 있고, 변호사가 잘못 말해서 중요한 증인을 소환하지 못한다든지, 부동의해야 할 증거를 동의하는 경우가 발생할 수도 있다. 그리고 의뢰인이 보고 있는데 법정에서 증거 의견을 밝히다가 실수하고 허둥지둥하는 모습을 보이기라도 한다면, 변호사에 대한 신뢰는 떨어지고, 이후 재판에도 좋지 않은 영향을 미치게 될 가능성이 그만큼 커진다.

　따라서 무죄를 주장하는 형사 사건에서는 공소사실을 부인한다면 부인하는 취지와 증거에 관하여 동의, 부동의, 내용부인 등을 명확히 정리하여 사전에 서면으로 제출하여, 법정에서 혼란이 발생하는 것을 미리 방지할 필요가 있다.

4

인정한다면 피고인 신문은 생략, 최후 진술은 짧게

신입, 저연차, 어쏘 변호사들이 담당하는 형사 사건은 범행을 자백하고, 관대한 형을 선고해 달라는 취지로 변론하는 자백 사건이 많다. 이렇게 자백하는 사건의 경우에는 피고인 신문은 생략한다. 가끔, 피고인이 얼마나 반성하는지 보여 주기 위해서 피고인 신문을 진행하는 경우도 있지만, 실효성 있는 절차라고 보기는 어렵다는 게 내 생각이다. 사건이 많이 밀려 있는데 자백하는 사건에서 피고인 신문으로 시간을 보내면 판사가 좋아할지 의문이다. 하고 싶은 말이 있다면 최후 진술에서 하고, 피고인 신문은 생략하는 것이 좋다.

피고인 최후 진술도 길게 할 필요가 전혀 없다. 어차피 다 인정하고 자백하는 사건이라면, 변호인의견서로 양형 자료는 사전에 전부 제출하였을 것이므로, 법정에서 길게 말할 필요가 없다. 핵심은 1) 반성한다, 2) 피해자가 있다면 피해자에게 사과한다, 3) 앞으로 재범하지 않겠다, 4) 그래서 선처를 해 달라는 정도이고, 이 부분만 들어가면 충분하다고 본다.

가끔 피고인들이 종이에 최후 진술을 길게 적어 와서 줄줄 읽는 경우가 있는데, 하루에만 수십 개의 재판을 해야 하는 판사 입장에서 그런 진술이 귀에 다 들어오거나, 다 기억한다고 보기는 어렵다. 형식적으로 듣고 넘어갈 가능성이 크다. 따라서 혐의를 인정한다면 피고인 신문은 생략하고, 최후 진술은 간결하게 하는 것이 좋다.

합의를 원한다면 양형 조사 신청,
합의에 실패하면 형사 공탁

피해자와 합의를 하지 못한 상태에서 재판까지 왔는데, 재판 단계에서 합의를 하고 싶다면, 법원에 피해자와 합의를 위한 양형조사신청서를 제출하면 된다. 신청 이유에는 범죄 혐의를 인정하고 피해자와 합의를 하고자 한다는 취지를 기재하면 된다. 법원에 양형조사신청서를 제출하면 법원이 피해자에게 합의 의사가 있는지 확인한다. 피해자가 합의 의사가 있고, 전화번호 등 연락처를 변호인 측에 전달해도 된다고 하면, 법원에서 피해자 연락처를 변호인 측에 전달해 준다. 그러면 변호인이 피해자에게 연락해서 합의를 시도하면 된다. 피해자가 합의 의사가 없다고 하면, 직접 합의는 어려워진다.

이러한 양형 조사 신청 및 합의 의사 타진에도 불구하고 피해자가 완강하게 합의를 거부하면, 이제는 형사 공탁을 진행해야 한다. 과거에는 피해자의 동의가 없는 경우 형사 공탁을 할 수 없었지만, 현재는 피해자의 동의가 없어도 형사공탁을 진행할 수 있다. 공탁 금액은 누가 봐도 합리적인 금액 이상은 되어야 한다. 예를 들어 준강간 사건인데

2~3백만 원 공탁하였다면, 이는 사실상 합의 의사가 없는 것이므로 실형이 선고될 것이다. 반대로 3천만 원을 공탁했다면, 나름 피고인 측에서도 합의를 위해서 노력한 사정으로 참작되어 집행유예를 선고받을 수도 있을 것이다.

물론, 형사 공탁이 진행된다 하더라도 피해자가 수령을 거부하고 엄벌을 탄원하면 공탁이 큰 효력이 없을 수도 있다. 하지만 피고인이 반성하고, 피해자의 피해 회복을 위해 노력했다는 사정을 보여 줄 방법으로, 상당한 금액을 형사 공탁을 한다면, 양형에 유리한 요소가 된다는 사실은 분명하다. 사실 다른 특별한 방법이 있는 것도 아니다.

6

증인신청은 검사가 한다

　무죄를 주장하는 사건에서 가끔 형사 사건 경험이 없는 신입, 저연차, 어쏘 변호사들이 고소인이나 피해자, 참고인에 대해서 증인으로 신청해서 신문하겠다고 법정에서 주장하는 경우가 있다. 하지만 변호사가 이들을 증인으로 신청할 필요가 있는 경우는 많지 않다. 대부분 검사가 부르기 때문이다.

　피고인 변호인은 고소인의 고소장, 진술조서, 참고인 진술조서 등에 대해서 '부동의' 의견을 밝힌다. 그러면 고소장, 진술조서 등에 대해서 증거 채택 여부가 보류되고, 범죄의 증명 책임이 있는 검사가 원진술자를 불러 위 서증들의 진정성립을 확인할 필요가 생기는 것을 로스쿨에서 배웠을 것이다.

　즉, 고소장, 진술조서는 범죄의 증거이므로, 이 서증들을 증거로 사용하기 위해서 위 서증의 원진술자를 증인으로 신청할 사람은 검사이고, 만약 검사가 원진술자를 증인으로 신청하지 않는다면, 위 서증들을 증거로 사용할 수 없으므로, 피고인 변호인의 입장에서는 범죄를 입증할 증거가 사라지게 되어 유리해지는 것이다.

따라서, 특별한 사정이 없다면 형사 사건의 고소인, 피해자 등을 증인으로 신청하는 사람은 검사이므로, 변호사가 먼저 이들을 증인으로 신청하겠다고 주장할 필요가 없다.

7

진술이 아닌 증거를 제출하라

법정에서는 진술이 아닌 증거를 제출해야 한다. 무슨 말일까? 예를 들어, 피해자와 피고인의 진술이 일치하는 부분이 있다고 하자. 피고인은 음주 교통사고로 입건되어 경찰 단계에서 합의를 해서 합의금으로 500만 원을 지급했고, 피해자도 이를 인정한다는 피해자 진술이 조서로 남아 있다. 그러면 끝인가?

아니다. 피해자와 합의한 내역을 기재한 합의서와 계좌이체 내역까지 증거로 제출해야 한다. 이것이 진술이 아닌 증거를 제출하라는 말이다. 물론, 피해자가 합의금을 받았다고 진술하므로 합의 사실에 대해서는 크게 의문이 없을 것이다. 하지만 형사재판에서 사실인정은 증거에 의하므로 확실한 증거인 합의서를 제출하는 것이 사실관계를 명확히 확정하는 데 도움이 된다. 재판을 하다 보면, 실제로 판사님께서 진술로 인정될 것처럼 보이는 사실도, 이를 입증할 자료를 제출하라고 권유하는 경우가 많다.

그리고 유리한 사실을 뒷받침할 증거를 제출하는 것이, 변호사로서 사건을 꼼꼼하게 파악하고, 일을 깔끔하게 처리하는 습관을 들이는 데도 도움이 된다. 작은 서증 제출을 누락했다가 큰 사고를 발생시킬 수 있기 때문이다. 실제로 내가 항소심을 수행한 사건 사기 사건의 1심에서, 피고인이 피해자에게 자신의 부동산을 명의신탁하고 명의신탁한 부동산을 담보로 피해자 명의로 대출을 받은 사건이 있었다. 이 사건에서 명의신탁한 부동산이 경매로 매각되어 담보권자가 채권을 모두 회수하였고, 따라서 피해자에게는 실제로 채무가 남지는 않았다.

그런데 1심을 맡았던 변호사가 명의신탁된 부동산이 임의경매로 낙찰되었다는 등기사항전부증명서만 제출하였을 뿐이고, 실제로 매각대금이 납입되어 채무가 완전히 소멸하였는지 입증하는 증거는 제출하지 않았다. 그러한 이유로 재판부는 피해자 명의의 채무가 여전히 존재한다고 보아 실형 2년 6개월이라는 중형이 선고하고 말았다. 이후 내가 수행한 2심에서, 매각대금이 납부되어 실제로 채무가 소멸하였다는 사실을 배당표 등의 자료를 제출하여 확실히 입증하였고, 이로써 이 부분에 대하여 피해자에게 실질적으로 남은 채무가 없다는 점을 명확히 밝혀, 2년 6개월이었던 징역을 1년으로 감형시키기도 했다.

이처럼 진술로서 인정되는 사실관계라 할지라도, 의뢰인에게 유리한 사실이라면 이를 입증할 확실한 증거, 서증을 제출하는 습관을 들일 필요가 있다. 위 사례에서 보는 것처럼 예상치 못한 부분에서 징역 1년 6개월이라는 큰 결과로 나타날 수 있기 때문이다. 따라서 피해자가 인정하는 내용이라도 합의서, 계좌이체 내역, 교통사고 보험처리 내역 등 피고인에게 유리한 증거는 꼭 서증으로 제출하는 것을 권한다.

8

성범죄 무죄를 주장한다면 국민참여재판 신청

형사 사건 1심에서 무죄가 나오는 비율은 어느 정도일까? 모 신문에서는 1%, 모 신문에서는 3% 정도라고 한다. 그렇다면 국민참여재판의 경우는 어떨까? 언론 보도에 따르면 국민참여재판의 무죄 비율은 약 30%라고 하고, 성범죄의 경우 2023년도에는 50%가 넘는다는 보도가 있다.

국민참여재판에서 배심원들의 의견에 판사가 기속될 필요는 없다는 점은 로스쿨에서 다들 배웠을 것이다. 하지만 실무에서는 배심원들이 무죄로 평결하면 판사들이 이러한 결정을 존중해서 무죄를 선고하는 경우가 많다. 그렇게 하지 않으면 국민참여재판의 취지가 몰각되고 유명무실해질 것이다.

국민참여재판에 대해서 변호사들이 상당한 부담을 느끼는 경우가 많다. 하지만 걱정할 필요는 없다. 국민참여재판도 형사재판일 뿐이다. 그리고 내가 출간한 『국민참여재판 공략집』에 국민참여재판에 대한 내용을 상세히 설명해 두었으므로, 이 책을 읽어 본다면, 국민참여재판도 크게 어렵지 않을 것이다.

국민참여재판에 관한 내용은 이 책 뒷부분에 더 설명할 것이다. 형사 사건, 특히 성범죄 사건에서 판을 뒤집을 수 있는 방법이 필요하다면, 국민참여재판 신청을 꼭 고려해 보기 바란다. 변호사들이 국민참여재판 진행을 많이 부담스러워하고, 실제로 국참재판 진행을 꺼려 하므로, 국참재판을 진행할 수 있는 변호사는 더 많은 사건을 수임하고, 의뢰인으로부터 추가 비용을 받을 수도 있을 것이다.

9

법정구속에 대비

음주운전 전과가 3회 이상이거나, 강간 사건인데 합의에 실패한 경우처럼 실형이 예상되는 경우가 있다. 물론 재판에서는 최선을 다해서 실형을 막아야겠지만, 변호사가 만능 도깨비 방망이는 아니기 때문에 실형이 나올 경우를 대비해서 사전에 의뢰인과 몇 가지 협의를 해 두어야 한다.

첫째, 실형이 나오면 항소할지, 항소를 한다면 항소 비용은 얼마로 할지 사전에 협의해 두어야 한다. 판결 선고 후 불과 7일 이내에 항소를 제기해야 하는데, 실형을 선고받고 정신없는 상태에서 항소를 할지 말지 결정하는 것은 매우 어렵기 때문이다. 그리고 실형 선고 이후 피고인이 구치소에서 직접 항소를 하는 것도 가능하지만, 미리 협의해 두면 변호인이 항소장을 접수해서 날짜를 놓치지 않을 수 있는 장점도 있다.

둘째, 실형이 선고되면 소통을 피고인의 가족을 누구로 하면 되는지도 미리 협의하면 좋다. 피고인이 구치소에 수감되면 여러 가지로 소통에 제약이 따른다. 따라서 피고인의 가족이나 친한 지인 중 1명의 연락처를 미리 받아 놓고, 실형이 선고되면 그 사람과 소통해서 다음 절차를 진행하겠다고 미리 협의해 두면 여러모로 도움이 된다. 그 사람과 항소심 비용에 대해서도 소통해서 받을 수 있는 장점도 있다.

셋째, 의뢰인에게 재판 출석 당일 차를 가져오지 말고, 중요하게 처리해야 할 사무는 미리 다 처리해 두라고 전달하는 등, 신변 정리에 대한 언질을 주어야 한다. 의뢰인이 구속될 것을 전혀 예상하지 못하고 차를 가지고 왔다가 구속되어 자동차가 법원 주차장에 장기간 방치되는 경우도 있고, 회사에 미리 연락하지 못해서 회사에서 난리가 나고, 무단결근으로 해고당하는 경우도 있다. 이런 상황을 방지하기 위해서, 구속 가능성이 있다는 사실, 그러니 미리 중요한 사무를 정리해 두라는 언질을 변호사가 해 줄 필요가 있다.

10

항소심은 1심과 다르게

1심에서 혐의를 인정했는데 형이 과중해서 양형부당으로 항소한 경우라면, 1심과 마찬가지로 최대한 양형자료를 제출하면서 선처를 구하면 된다. 크게 어려울 것은 없다. 문제는 1심에서 무죄를 주장하였는데 유죄가 인정되어 항소한 경우다. 이때는 1심과는 다른 방향으로 접근해야 하고, 의뢰인도 다른 방향으로 가도록 설득해야 한다.

1심에서 유죄가 선고되었는데 항소심에서 무죄로 뒤집히는 경우는 아주 극소수다. 1심에서 제출하지 못했던 새로운 증거가 발견되거나, 1심에서 진술했던 증인이 진술을 번복하는 등 특별한 사정이 있어야 한다. 그렇지 않다면 1심 판결이 2심에서 바뀌는 경우는 잘 없다. 그래서 1심에서 유죄가 선고되었는데, 위와 같은 특별한 사정이 없어 2심에서 확실히 무죄를 받을 가능성이 크지 않다면, 2심에서는 혐의를 인정하고 반성하고, 피해자와 합의하는 방향으로 전략을 수정하는 것이 바람직하다.

이 과정에서 의뢰인을 설득하는 것이 문제다. 의뢰인이 2심에서 자백하자는 변호사의 제의에 수긍하는 경우도 있지만, 자신은 무조건 무죄라면서 버티는 경우도 있다. 이런 경우 의뢰인이 원하는 대로 해 주지만, 결과가 나쁠 수 있다는 점을 분명히 알려야 한다. 그렇지 않으면 1심, 2심 전부 패소하고, 의뢰인이 클레임을 거는 최악의 상황에 직면할 수 있는 것이다. 이렇게 사건은 지고 의뢰인에게도 항의를 받으면 변호사로서 점점 자신감도 떨어지고, 송무에 환멸을 느껴 퇴직하거나 사내변으로 이직을 고려하게 될 수도 있는 것이다.

제7부

성범죄 변론의 기술

1

사실관계를 유리하게 쌓아 가라

사실관계를 유리하게 쌓아 가라는 것은 무슨 말일까? 범죄가 발생했고, CCTV가 없다면, 사실 100% 정확한 사실관계는 하나님밖에 알지 못한다. 성범죄 사건에서는 특히 두 사람 사이에, 내밀한 공간에서 사건이 발생하는 경우가 많다. 이때 피해자, 피의자, 목격자는 모두 본인이 보고 기억하는 부분만 진술한다. 그런데 사람의 기억에는 오류가 있을 수밖에 없다. 그래서 100% 정확한 진술이라고 보기는 어렵다.

따라서 형사 사건 변호인이라면 발생한 사건의 사실관계를 최대한 객관적으로 파악하되, 피해자, 피의자, 목격자의 진술 중에서 피의자에게 유리한 부분을 강조해서 의미를 부여해야 한다. 그리고 불리한 부분은 무의미한 것으로 만들거나 신빙성을 탄핵하여 없는 사실로 만들어야 한다. 그리하여 사실관계를 피의자에게 유리하게 조합하고, 피의자에게 유리한 의미를 부여하고, 피의자에게 유리한 부분을 더 강조해서, 결국 피의자에게 유리한 사실관계로 만들어 가야 한다는 것이다. 이것이 사실관계를 유리하게 쌓아 가라는 의미다.

예를 들어 피의자가 놀이터에서 피해자를 강제로 추행했다는 사실로 입건되었다고 하자. 이때 피의자 변호인이라면, '놀이터'라는 공간은 모든 사람에게 공개된 장소이고, 범행이 쉽게 발각될 수 있으며, 당시에도 사람들이 오가고 있었고, 근처에 CCTV도 많아 강제추행 행위를 할 만한 장소가 아니므로, 과연 이런 장소에서 범행이 이루어졌다는 피해자의 진술에 신빙성이 있는지 의문이라는 식으로 주장하여, '놀이터'라는 범죄 발생 장소에 대한 사실관계를 강조한다. 당시는 '늦은 밤'으로 '사람 왕래가 뜸했다'라는 사실관계는 가능하면 드러나지 않도록 한다.

2

사실관계 부인이 먼저, 법리적 주장은 그다음

모든 성범죄 대응법의 기초가 되는 부분이 있다. 이 부분은 성범죄뿐만 아니라 다른 형사 범죄 사건에도 적용되는 가장 기본적인 부분이다. 이해하기 쉽지만 그만큼 간과하기도 쉽다. 꼭 알아 두기 바란다. 성범죄로 고소당하였을 때 대응하는 방법은 크게 두 가지인데 첫째, '사실관계를 부인'하는 것이고 둘째, '법리적'으로 죄가 되지 않는다고 주장하는 것이다. 사실관계 부인이 먼저고, 법리적 부인은 그다음이라는 것이 핵심이다.

사실관계를 먼저 부인해야 한다. 미성년자 여성 B가 성인 남성 A를 아청법 위반 강간죄로 고소한 경우를 예로 들어 보자. 남성 A는 여성 B와 함께 숙소에서 잠을 자기는 했지만, 성관계는 한 사실이 없다고 주장할 수 있다. A가 성관계 사실이 없다고 주장한다면, 이제는 A와 B의 성관계 사실을 B가, 더 정확하게는 B의 진술을 믿고 A를 재판에 넘기려는 경찰과 검사가 성관계가 있었다는 사실을 증거를 통해서 입증해야 한다. B가 성관계 직후 해바라기센터로 가서 채집한 B의 속옷이나 B의 신체에 남은 A의 타액이나 정액, 또는 A가 사용했던 콘돔 등이 없다면 성관계 사실을 입증하기는 쉬운 일이 아니다. 성관계 자체가 없었다면 더 살펴볼 필요도 없이 강간죄는 아웃이다.

사실관계 부인이 어렵다면, 이제는 법리적으로 죄가 되지 않는다고 부인해야 한다. A는 B가 미성년자임을 몰랐다고 주장하는 것이다. 미성년자와 성관계를 했다 하더라도, 주관적으로 남성이 상대방 여성이 미성년자인 사실을 인식하지 못하였고, 객관적인 사정을 살펴보아도 미성년자임을 몰랐을 것으로 인정된다면, '법리적'으로 미성년자에 대한 성범죄로 인정되지 않을 것이다.

정리하면, 성범죄 피의사건을 수임한 경우, 우선 사실관계를 부인할 수 있는 상황인지 판단하여야 한다. 여러 사정을 종합하여 검토한 결과 사실관계 부인이 가능하다면, 법리적 부인은 둘째로 하고 먼저 사실관계를 부인하는 방향으로 변론 방향을 잡아야 한다는 것이다. 사실관계를 도저히 부인하기 어렵다면, 그다음 법리적 쟁점을 주장하는 것이다.

3

⌣

심신장애를 주장할 것인가?

성범죄 혐의를 받는 의뢰인과 상담하다 보면, 술에 취해서 기억이 전혀 나지 않는다고 하면서 "심신상실로 하면 안 될까요?" 하면서 물어보는 경우가 있다. 드라마나 영화에서 돈 많은 재벌집 아들이나 흉악 범죄자가 심신상실로 무죄를 받거나 가벼운 형을 받는 장면을 본 것 같다. 그러나 현실과는 전혀 맞지 않는 이야기다.

성범죄에서 심신상실 주장이 통할까? 예상했겠지만 전혀 통하지 않는다고 보면 된다. 국민의 법 감정이나 형법상 원자행위 등과 같은 이유로 안 되는 것이 아니다. 법에 심신상실 주장을 배척한다고 규정되어 있기 때문이고, 실무에서 신입이나 어쏘 변호사들이 가끔 놓치는 규정이다.

성폭력처벌법 제20조에 따르면 "제20조(「형법」상 감경규정에 관한 특례) 음주 또는 약물로 인한 심신장애 상태에서 성폭력범죄(제2조제1항제1호의 죄는 제외한다)를 범한 때에는 「형법」 제10조제1항·제2항 및 제11조를 적용하지 아니할 수 있다"라고 규정하여, 성범죄에서 심신장애로 인한 감경 규정을 적용하지 않을 수 있는 근거를 명백히 규정하고 있다.

따라서, 성범죄 사건에서 의뢰인이 술을 너무 많이 마셔서 기억나지 않는다고 하면서 심신장애를 주장하면, 어렵게 설명하지 말고, 위 규정을 보여 주면 된다. 그리고 기억나지 않는다고 하면 우리에게 불리하다는 점을 명백히 설명해 주면 된다. 그러면 의뢰인의 기억이 갑자기 점차 돌아오는 경험을 하게 될 것이다.

4

기억이 안 난다? 진짜?

성범죄 사건 상담을 하다 보면, 의뢰인들은 대부분 남자인데, 정확히 기억이 안 난다고 진술하는 경우가 많다. 엉덩이를 만졌는지, 가슴을 만졌는지, 성기를 만졌는지, 삽입이 이루어졌는지, 상대방이 명시적으로 동의했는지 기억이 안 난다고 한다. 정말 기억이 안 날 수도 있지만, 뭔가 찝찝한 부분이 있어서 말하지 않는 경우도 종종 있다. 그리고 피해자는 정확히 피해 사실을 진술하는데, 우리는 정확히 기억이 안 난다고 하면, 누구 진술의 신빙성이 더 높게 평가될 것인가? 당연히 사실 관계를 정확히 기억하는 피해자의 진술이다.

따라서 상담 과정에서 남성인 의뢰인이 기억이 안 난다고 하면, 그렇게 진술하는 것이 우리에게 불리하다는 점을 정확히 알려 줘야 한다. 기억이 안 난다는 것은 부인이라기보다는 '부지', 즉 알지 못한다는 진술에 가깝다. 이러한 '부지'의 진술로 범행 인정에 점점 가까워지고, 결국 유죄로 가는 과정이 된다는 점을 말이다.

보통은 이렇게 알려 주면, "사실은…" 하면서 기억나는 부분을 진술하는 경우가 많다. 그리고 그런 진술은 대개 범죄사실에 부합하는 진술인 경우가 많다. 따라서, 변호사는 일단 의뢰인이 기억이 안 난다고 하면 유죄가 될 가능성도 있다고 판단해야 한다. 사실 유죄라고 판단해도 크게 틀리지 않는다. 그래서 경찰 조사를 받을 때나, 의견서를 작성할 때 퇴로를 차단하는 진술, 예를 들어 고소인을 무고죄로 고소하겠다라는 식의 진술은 자제하는 것이 좋다. 유죄 가능성, 즉 진술을 번복할 가능성이 있음을 염두에 두어야 한다.

5

⌣

일단 사과하지 마라, 합의 시도도 마찬가지

성범죄 사건을 수임하게 되면, 의뢰인들은 '성범죄 전과자'라는 낙인이 찍힐까 봐 매우 불안해한다. 그러면서 피해자 연락처를 알고 있으니 신속하게 사과하고 합의를 시도하는 게 어떻겠냐고 물어본다. 변호사 상담 전에 이미 피해자에게 미안하다고 사과를 해 놓고 오는 사람도 많다. 의뢰인이 스스로 혐의를 인정하고, 유죄가 확실하며, 빠져나갈 방법이 없어 보이는 상황이라면 신속하게 사과하고 합의하는 것도 방법이 될 수 있다.

하지만, 변호사라면 일단 고소장을 복사해서 확인하고, 의뢰인의 진술을 들어 보고, 관련 증거가 뭐가 있을지 예측해 보고 법리도 검토해서, 의뢰인이 혐의를 벗을 방법이 있을지 검토해 보아야 한다. 이러한 검토 없이 무작정 의뢰인의 말만 듣고 바로 사과하고 합의를 시도한다면, 이는 사실상 범행을 자백하는 것과 다름없다. 그렇게 되면 전부 또는 일부 행위라도 범죄로 인정되지 않을 수 있는 증거를 사후에 발견한다 하더라도, 이미 죄를 다 자백한 상태가 되어 버려서 상황을 뒤집기 곤란하다.

의뢰인에게도 함부로 피해자에게 사과하거나 합의를 요청하지 말고, 변호사를 믿고 잠시만 기다려 달라고 요청해야 한다. 그렇지 않으면 조바심이 난 의뢰인이 변호사와 상의도 하지 않고 자기 마음대로 사과하거나 합의 시도를 해서 사건이 망가지는 것을 보게 될 수 있는 것이다.

6

조사 연습, 사실관계를 눈으로 보는 듯이 파악할 것

경찰 조사 연습은 꼭 하기 바란다. 성범죄 사건뿐만 아니라, 형사 사건 전부에 해당한다. 조사 연습을 하기 위해서는 경찰이 이 사건에서 어떤 질문을 할 것인지 예상해서 질문 내용을 준비해야 하는데, 경찰의 질문을 예상하는 과정에서, 처음에는 생각하지 못했던 쟁점이 보이는 경우가 많다. 수사관의 입장에서 생각해 보고, 수사관의 입장에서 요건 사실을 입증하기 위해 필요한 증거가 무엇일지 생각해 보면, 어떤 질문이 필요한지 보인다. 그러한 과정에서, 전에는 미처 생각하지 못했던 사실이나 증거, 법리가 새롭게 보이는 경우가 많다.

의뢰인의 입장에서도 경찰 조사는 어렵고 긴장되는 일이다. 조사를 처음 받아 보는 사람이라면 더욱 그렇다. 그래서 변호사와 함께 경찰 조사를 연습해 보면, 실제 조사 과정에서 어떻게 대답해야 하는지 알 수 있게 되어 조사를 더욱 잘 받을 수 있게 된다. 특히, 잘 기억이 나지 않는 부분에 대해서 기억이 나는 것처럼 단정적으로 말하는 경우가 있는데, 이러한 진술은 자충수가 될 수 있으므로 꼭 피해야 한다. 변호사가 의뢰인에게 잘 기억이 나지 않는다고 대답하면 된다는 것을 정확히 알려 줘야 한다.

그리고 성범죄 조사를 연습할 때는 다소 부담스럽더라도 사실관계를 눈으로 보는 듯이 파악해야 한다. 성범죄 사건은 목격자가 없고, 둘 사이에 내밀한 공간에서 발생하는 경우가 많아 진술의 신빙성이 매우 중요하다. 그런데 아주 사소한 사실관계를 잘못 진술함으로써 진술의 신빙성이 무너져 내린다면 돌이키기 어렵다. 예를 들어 경찰이 가슴을 손으로 만졌는지 입으로 빨았는지 질문을 받았을 때, 손으로 만지기만 했고 입으로 빤 사실이 없다고 진술했는데, 가슴에서 타액 성분이 검출되었다면, 우리 진술의 신빙성은 무너지는 것이다. 그래서 조사 연습을 할 때 사실관계를 최대한 그림 그리듯이 묘사하도록 해서, 정확히 기억나는 부분을 확정하고, 애매한 부분은 잘 기억이 나지 않는 것으로 정리해 두어야 조사를 받을 때 실수하지 않을 수 있다.

질문은 매우 구체적으로 해야 한다. "애무를 했나요?" "성관계를 했나요?"와 같은 질문은 구체성이 떨어지는 질문이라서 의미가 없다. 예를 들어, 남성이 여성의 팬티를 직접 내린 것인지 아니면 여성이 스스로 벗은 것인지, 브래지어는 남자가 벗겼는지, 입으로 가슴을 빨았는지, 성기를 빨았는지, 손으로 성기를 만졌는지, 손가락을 성기에 넣었는지, 성기를 삽입했는지, 사정은 했는지, 콘돔은 사용했는지와 같은 구체적인 내용을 부끄러워하지 말고 정확하게 질문하고, 답변을 받아야 한다. 확인된 사실과 다른 진술 하나가 사건을 망친다.

7

준강간 사건에서 동의 의사 확인

준강간 사건은 대부분 여성이 술에 취해 의식이 없는 상태에서 남성이 자신을 강간했다고 신고한 사건이다. 이때 준강간 혐의에서 벗어나기 위해서는 첫째, 성관계 자체가 없었다는 점, 둘째 성관계가 있었더라도 합의를 했다는 점을 입증해야 한다. 그런데, 여성이 준강간 신고를 하면서 즉시 해바라기센터 같은 곳에서 유전자 검사를 하고, 이러한 검사에서 질 내부나 자궁 경부에서 남성 DNA나 정액이 나오는 경우가 많으므로, 성관계 자체를 부인하기는 어려운 사건이 많다. 이때는 두 번째 방법, 즉 성관계가 있었더라도 합의에 따른 성관계였다는 점을 입증해야 한다.

그런데, 명시적인 성관계 합의가 있었다는 사실을 입증하기는 매우 까다롭다. 서로 계약서를 쓰고 모텔방에 들어가지는 않으니까. 같이 술을 마시고 노래방을 간 정도로는 명시적 동의가 있었다고 보기는 어렵다. 모텔 CCTV에 여성이 취한 채로 남성에게 이끌려 방으로 들어가는 장면이라도 있다면, 모텔에서 술이 깨서 서로 동의해서 성관계를 했다는 남성의 주장은 힘을 잃을 것이다.

그러면? 합리적인 답변을 준비해 주어야 한다. 어차피 입증책임은 검사에게 있고, 검사가 동의 없이 성관계를 했다는 사실을 입증해야 한다. 그래서 변호인은 동의가 있었다는 정황을 최대한 찾아 제출하고, 무엇보다 의뢰인 진술을 미리 정리해 주어야 한다. 예를 들어 판사가, "성관계 전에 동의 의사를 어떻게 확인했나요?"라는 질문을 할 것을 미리 의뢰인에게 알려 주고, "여성 스스로 팬티를 벗었습니다" "여성이 저의 바지를 벗겼습니다" "여성이 콘돔을 끼워 주었습니다" "여성이 저의 성기를 빨았습니다"와 같이 구체적인 답변을 할 수 있도록 미리 준비해 주어야 한다는 것이다. 사실 이러한 구체적인 진술은 진술의 신빙성을 높이지만, 사실관계를 정확히 확인하기는 어려워 피고인으로서는 해 볼 만한 변호전략이다. 거짓말을 준비해 주라는 뜻은 아니니 오해 말길.

8

무고할 동기가 있는가?

피해자의 고소 동기가 성범죄에서 피고인이 유죄일지 무죄일지 판단하는 중요한 기준이 된다. "피해자 여성이 피고인을 무고할 동기가 있는가?" 이 질문에 상식적이고 합리적인 대답을 할 수 있다면 혐의를 벗을 가능성은 커진다. 반면에 위 질문에 대한 답변이 궁색하다면, 점점 유죄에 가까워진다고 보면 된다.

무고할 동기가 있는 경우는 어떤 경우일까? 여성이 미성년자이고, 성관계한 사실을 부모님께 들켰을 때, 강간당했다고 거짓말을 하는 경우가 있다. 또는, 남편이 있는 유부녀가 다른 남성과 성관계를 했다가 남편에게 들켰을 때도 강간당했다고 거짓말을 할 수 있다. 그 외에도 합의금을 노리고 무고할 수 있고, 헤어진 전 연인에게 복수하기 위해서 또는 좋아하는 남성에게 거절당해서 마음에 상처를 입었을 때도 무고를 할 가능성이 있다.

반면에, 여성이 자신의 성범죄 피해 사실을 드러내는 것이 고통스럽고 수치스러운 일이기 때문에 위와 같은 특별한 사정이 없다면 굳이 여성이 남성을 무고할 이유가 없다고 보는 것이 아직 법원의 입장인 것 같다. 여성이 무고할 이유가 없다면, 피고인에게 유죄가 선고될 가능성이 그만큼 커진다. 따라서, 성범죄 피고인의 변호인이라면 피해자가 피고인을 무고할 동기가 있는지 파악해서 적극적으로 주장, 입증할 필요가 있다.

9

거짓말 탐지기 조사

성범죄 사건을 상담하다 보면, 초기에는 의뢰인들이 억울함을 호소하는 경우가 많다. 본인에게 유리할 것 같은 사실을 주로 말하면서, 상대방 여성이 꽃뱀인 것처럼 몰아가는 경우도 종종 있다. 그렇다고 의뢰인의 말만 전적으로 믿어선 안 될 것이기 때문에, 의뢰인이 진실을 말하는지 확인할 필요가 있다. 이때 가장 유용한 질문이 거짓말 탐지기 조사에 응할지 여부를 물어보는 것이다.

진짜로 억울하다면 의뢰인은 망설임 없이 자신 있게 거짓말 탐지기 조사에 응하겠다고 대답할 것이다. 하지만, 스스로 찝찝한 부분이 있거나 자신이 없는 경우에는 대답을 망설이거나 거짓말 탐지기 조사를 꼭 받아야 하냐고 되물어 보는 경우가 많다. 거짓말 탐지기 조사결과가 정확한지, 자신이 긴장을 많이 하는 스타일이라서 조사결과가 잘못 나오지는 않는지 물어본다.

이럴 경우 변호사는 의뢰인에게 뭔가 찜찜한 부분이 있는지, 다 말하지 않은 부분은 없는지 구체적으로 질문해야 한다. 그러면 의뢰인이 아직 말하지 못한, 드러나지 않은 사실관계, 즉 의뢰인에게 불리할 수 있는 사실관계를 파악할 수 있다. 실무에서는 이쯤 되면 의뢰인이 범죄 사실을 털어놓는 경우가 많다.

반대로 의뢰인이 자신 있게 거짓말 탐지기 조사에 응하겠다고 하는 경우, 경찰 조사에서 이점을 활용할 수 있다. 조사를 받는데 뭔가 상황이 불리해 보인다면, 우리 주장이 진실이라는 점을 입증하기 위해서 거짓말 탐지기 조사를 받고 싶다고 먼저 수사관에게 제안할 수 있다. 그리고 상대방도 함께 조사를 받는 조건으로 해 달라고 한다면, 우리 말에 더 신빙성을 더할 수 있는 것이다.

10

〜

성범죄 사건, 합의는 기본

성범죄 사건에서 유죄가 인정된다면 합의는 기본이다. 필수다. 절대적이다. 합의가 되고 안 되고에 따라서 실형이 선고되느냐, 집행유예가 선고되느냐가 판가름 난다. 합의되었다면, 사안이 가벼운 강제추행에서는 기소유예가 나오는 경우도 많다. 강간이나 준강간의 경우에도 초범이고 합의가 되었다면 집행유예를 선고받을 수 있다. 하지만 합의가 되지 않는다면, 강간이나 준강간의 경우 실형이 선고되는 것은 확실하다.

혐의를 부인하는 경우에도 어렵겠지만 합의가 되면 좋다. 피해자와 합의가 되어 처벌불원서를 받았다면, 수사기관의 입장에서도 피해가 회복된 사건이므로 불송치나 불기소 처분을 하는 데 부담이 없다. 반대로, 합의가 되지 않았다면 수사기관 입장에서도 피해자 보호를 위해서라도 불송치나 불기소 처분을 쉽게 내리기 어려울 것이다.

만약 합의가 되지 않는다면, 형사 공탁을 합리적인 금액으로 진행해야 한다. 이때 '합리적인 금액'이 중요하다. 판사가 봤을 때, 이 정도 금액이라면 합의를 할 수도 있었을 것이라고 생각할 정도의 금액을 공탁해야 한다. 강간 사건인데 4~5백만 원을 공탁했다면, 이는 안 하니만 못하다. 적어도 2~3천만 원 이상을 공탁해서, 피고인이 합의를 위해 최선을 다했다는 사실을 입증해야 한다.

성범죄 사건에서 유죄가 인정된다면 합의가 기본이라는 점을 상담을 할 때부터 고객에게 명확히 고지해야 한다. 그래서 변호사는 고객에게 신속하게 합의금을 현금으로 지급할 수 있도록 준비할 시간을 주어야 할 것이다.

한편, 합의금을 분할로 지급하면 안 되냐고 물어보는 의뢰인이 종종 있다. 이때는 입장을 바꿔서 생각해 보라고 하면 된다. "선생님 같으면 분할로 받고 합의서에 도장 찍어 주시겠어요?"

11

1심에서 부인하고 안 되면 2심에서 자백?

일단 부인하고 보자는 전략은 잘못 쓰면 크게 화를 부른다. 1심에서 무죄를 주장해 볼 만한 사안이라면 당연히 변호인은 최선을 다해서 무죄를 주장해야 한다. 하지만 법조인의 냉정한 관점으로 봤을 때 무죄를 주장하기 어려운 사건인데, 의뢰인이 끝내 무죄만을 주장하고, 의뢰인을 설득하지 못했기 때문에 무죄를 주장했다면, 그래서 1심에서 한번 무죄를 주장해 보고 안 되면 2심에서 자백하기로 했다면? 2심에서 오히려 더 무거운 형을 받게 될 수도 있는 것이다.

우리 법인에서 실제로 수행한 사건 중에, 1심에서 무죄를 주장했다가 유죄를 선고받고 2심에서 범행을 자백하고, 피해자와 합의까지 한 사건이 있었다. 통상 죄를 인정하고 반성하고 피해자와 합의했다면 2심에서는 1심보다 감형될 것이라고 기대하는 경우가 많다. 결과는 어땠을까? 피해자와 합의까지 했음에도 불구하고 2심에서는 1심보다 더 무거운 형을 선고받고 말았다. 유죄가 명백한데 처음부터 반성하지 않고, 그래서 피해자의 고통의 시간이 더 길어졌기 때문이다.

변호사가 의뢰인이 해 달라는 대로 한다면, 그만큼 무책임한 일은 없다. 변호사로서, 법조인으로서 봤을 때 무죄 선고가 어려운 사건이라면, 의뢰인이 아무리 무죄를 주장해도 의뢰인을 설득해서 자백하는 방향으로 변론해야 한다. 어설프게 "1심에서 혐의를 부인했다가 안 되면 2심으로 가 봅시다"라고 했다가, 2심에서 더 무거운 형을 선고받게 된다면? 이때는 의뢰인의 더 큰 클레임에 직면하게 될 것이다.

아청법 위반 사건의 특징

합의해라. 합의 안 되면 큰돈을 공탁해라. 안 하면 구속된다. 끝.

13

성인 간 성매매 VS 미성년자 성매매

성인 간 성매매는 초범인 경우, 혐의를 인정하고 반성하고 양형 자료를 충분히 제출한다면, 대부분 교육조건부 기소유예로 사건을 마무리할 수 있다. 의뢰인이 어설프게 어디 인터넷에서 보고, "성관계 현장에서 잡히지만 않으면 무죄가 나온다던데요?"라고 말하면서, 무죄를 주장하고 싶다고 하더라도, 끌려가서는 안 된다. 성매매 사건은 대부분 성매매 조직이 단속되어 성매매 장부, 전화번호부, 계좌이체 내역 등이 증거로 확보되고, 성매매 여성의 자백까지 확보된 상태에서 피의자를 소환한다. 그리고 성매매 여성은 대부분 성관계가 있었다고 혐의를 인정한 상태다. 이런 상태에서 단지 성관계 현장에서 단속되지 않았다는 사실만으로 무죄라고 주장할 수 있을까? 어렵다.

그래서 의뢰인과 상담할 때는, 위와 같이 무죄를 주장해도 받아들여지지 않는 사정을 잘 설명할 필요가 있다. 그리 오히려 무죄를 계속 주장하면 반성하지 않는 태도가 문제되어 더 무거운 처벌을 받을 수도 있다는 사실을 알려 주고, 범행을 자백하고 반성하도록 유도해서, 기소유예로 사건을 마무리하는 것이 최선이다.

미성년자 성매매의 경우, 성매매 여성은 이제 "피해자"가 된다. 이때 변론 방향은 두 가지다. 첫째, 미성년자인지 몰랐다고 주장하는 전략. 이 전략은 인스타 DM이나 오픈채팅, 트위터(현재 'X'), 라인 등에서 성매매 전에 대화를 나누면서, 여성이 자신의 나이를 공개하지 않았거나 관련 증거가 없을 때 쓰는 전략이다. 여성이 짙은 화장을 했고, 술을 마시고, 담배를 피고, 노출이 심한 옷을 입었고, 굽이 높은 구두를 신었고, 밤에 만나서 미성년자라고는 인식하지 못했다고 주장하는 것이다. 미성년자 성매매 사건에서, 미성년자임을 인식하지 못했다는 주장이 생각보다 많이 받아들여진다.

둘째, 미성년자임을 확인했다는 빼박 증거가 있다면? 합의하고, 안 되면 공탁이라도 해야 한다. 안 하면 구속된다.

14

형사 공탁

범죄 혐의는 인정되는데 피해자 합의를 실패했다면, 최후수단으로 형사 공탁을 진행해야 한다. 형사 공탁에서 제일 중요한 요소는 공탁 금액이다. 사안에 따라 다르겠지만, 초범이고 집행유예를 받고자 한다면, 최대한 큰 금액을 공탁하는 것이 좋다. 기준은 판사가 봤을 때 "이 정도 금액이면 합의할 수도 있었을 텐데"라는 생각이 들 정도의 금액이다. 강간이나 준강간이라면 2천에서 3천만 원 정도는 공탁하는 것이 좋다. 음주운전 교통사고라면 1천에서 2천 정도로, 가능하면 넉넉하게 공탁해야 집행유예를 받을 수 있다.

그리고 의뢰인들이 제일 궁금해하는 것 중 하나가, 공탁금을 회수할 수 있느냐는 것인데, 이 부분을 명확히 설명해 줄 필요가 있다. 법원에 진정성 있는 공탁으로 인정받기 위해서 공탁서에 '회수제한신고'라는 것을 하게 된다. 내용은 "피해자(피공탁자)가 동의하거나 무죄가 확정되기 전에는 공탁금에 대한 회수청구권을 포기한다"는 내용이다. 이러한 회수제한신고로 인해서, 피해자가 공탁금을 수령하지 않더라도 공탁금을 돌려받기는 어렵다. 이 부분을 공탁하기 전에 의뢰인에게 정확히 설명해야 차후 클레임을 예방할 수 있다.

법률 관련 뉴스 기사나 일부 판례에서, 형사공탁이 효력이 없는 것처럼 말하는 경우가 있다. 하지만, 실무에서 느낀 결과, 효력이 있다. 앞서 말한 "이 정도 금액이면 합의할 수도 있었을 텐데"라는 생각이 들 정도의 상당한 금액을 공탁한다면, 반성하는 태도와 피해자 피해 회복에 대한 진정성이 인정되어, 실형 선고 위험이 있는 사건에서 집행유예가 선고되는 경우가 많았다. 성범죄 사건에서 합의하지 못한 경우, 형사공탁은 필수.

15

무고죄 고소

　성범죄 피의자 남성 의뢰인과 상담하다 보면, 여성을 무고로 고소할 수 있는지 물어보는 경우가 많다. 하지만, 남성이 유죄로 밝혀져 무고를 검토할 필요가 없는 경우가 대다수다. 그리고 무혐의로 사건이 종결된다고 하더라도, 무고를 입증하기가 쉽지 않다는 사실은 변호사라면 다 알 것이다.

　내가 경험한 매우 특이한 사건으로, 미성년자와 성관계를 한 남성이 강간으로 고소를 당했는데, 남성이 성관계 상황을 녹음해서 가지고 있었던 일이 있었다. 녹취록을 보니, 강간이라고는 전혀 볼 수 없는, 완전한 화간으로 볼 수밖에 없는 내용이었다. 이런 경우 남성은 무고로 신고할 수 있고, 해당 사건에서도 남성이 무고죄로 신고해서 무고가 인정되었다.

　그런데 위와 같은 사건은 100건에 1건 정도로 매우 드물다. 대부분 무고를 말하는 남성 피의자들은 결국 유죄로 인정되는 경우가 많다. 따라서 고객과 상담할 때 무고를 주장한다면, 먼저 우리가 받는 성범죄 혐의를 벗고 난 이후에 검토해 보자고 설득하면 된다.

그리고 고소당한 내용 중에 혐의가 인정되는 부분도 있지만, 일부는 명백히 허위사실로 인정되고, 이를 뒷받침할 만한 증거가 있다면, 일부 무고로 고소할 수는 있을 것이다. 하지만, 이 경우도 실무에서는 많지 않은 것 같다. 일부 무고가 명백하다면 무고로 신고해서 쌍방 취하를 노려볼 수 있지만, 이런 신고행위가 오히려 상황을 악화시키는 경우가 많다. 그래서 일부 무고가 있다 하더라도 이 부분은 일부 무죄를 주장하는 선에서 마무리하고, 일부 무고를 이유로 고소를 진행하기보다는 피해자와 합의하는 것이 피의자 의뢰인에게는 좋다고 생각한다.

16

송달장소변경신청서 제출

형사 사건, 특히 성범죄 사건의 경우 사건을 수임하면 송달장소변경 신청서는 변호인선임계와 함께 즉시 제출하는 것이 좋다. 특히 성범죄 사건의 피의자가 결혼한 유부남인데, 성범죄와 관련된 서류가 집으로 송달되어 아내가 보게 된다면 이혼 사유가 될 수 있다. 가정이 파탄 날 수도 있는 것이다. 따라서, 성범죄 사건을 수임하게 되는 경우 즉시 송달장소를 변호사 사무실로 변경하는 신청서를 경찰에 접수해야 한다.

경찰에 접수했다고 끝이 아니다. 경찰에 전화해서 다시 확인하고, 경찰 조사에 가서 또다시 확인해야 한다. 앞으로 형사 사건 전자소송 시대가 도래하면 이런 일도 점차 사라지겠지만, 아직은 송달주소를 경찰에서 수동으로 관리하는 시스템이라서, 송달장소 변경신청서를 접수했는데도, 경찰 실수로 집으로 서류가 송달되는 경우가 종종 있다. 자주 있다. 많다.

성범죄 사건은 꼭 변호사가 필요하지 않은 사건이라도, 서류 송달을 변호사 사무실로 받기 위해서 변호사를 선임하는 경우도 있다. 따라서 송달장소변경신청서를 서류로 접수하고, 전화로 확인하고, 조사 때 다시 확인해서, 절대 서류가 집으로 도달하는 일이 없도록 해야 할 것이다. 직원한테만 맡겨 두지 말고 변호사가 직접 확인해야 한다. 직원의 실수는 변호사가 책임져야 하는 것은 당연하기 때문이다.

제8부

음주, 교통사고 변론의 기술

1

면허 정지, 취소 기준도 숙지하라

당연한 말이지만, 음주운전 상담을 받으러 온 고객들은 음주운전으로 받는 벌금이나 징역과 더불어서, 자신의 운전면허에 대한 정지나 취소에 관해서도 궁금해한다. 그런데 부끄럽게도 나는 신입 시절에 음주운전 상담을 할 때, 예상 형량과 양형 자료에만 집중했을 뿐, 음주운전에 따른 면허 정지나 취소 기간, 재취득 기간에 대해서 명확하게 숙지하지 못하고 상담에 들어갔다가 의뢰인의 질문에 답변하지 못하고 말문이 막힌 적이 있다.

면허 정지와 취소 기준은 다소 복잡하고 외우려고 하면 잘 외워지지 않는다. 하지만, 음주운전으로 상담을 받으러 온 고객이라면 대부분 10년 내 2회 이상 또는 음주운전과 더불어 인사사고가 발생해서 합의가 필요한 사람일 것이다. 음주운전을 두 번 이상 한 사람은 면허 취소는 기본이고 재취득 기간은 2년, 음주운전 1회에 인사사고가 발생한 경우에도 재취득 기간은 2년이다. 음주 2회 이상에, 사고까지 발생시켰다면 면허 재취득 기간은 3년이다.

무슨 말이냐 하면, 고객이 "제가 면허가 취소되면 몇 년 뒤에 다시 면허를 딸 수 있나요?" 하고 물어봤는데, 잘 모르겠으면 "2년입니다"라고 답변하면 얼추 맞는다는 것이다. 신입, 어쏘, 저연차 변호사 때는 고객 상담을 할 때 잘 아는 것도 헷갈려서 답변하지 못하는 경우가 많다. 그러니 "2년입니다"를 적절히 활용하도록. 물론 규정을 잘 숙지하는 것은 필수다.

2

음주 2회 차도 변호사가 필요한 경우

음주운전으로 2번째 단속된 경우, 인사사고나 뺑소니 등 특별한 사정이 없으면 집행유예가 선고된다. 그래서 음주운전 2회 차로 상담받으러 온 고객들의 경우 집행유예가 예상된다고 하면 혼자서 해 보겠다고 하면서 돌아가는 경우가 종종 있다. 하지만 음주운전 2회 차라 하더라도 꼭 벌금형을 받아야 할 경우도 있다.

꼭 벌금형을 받아야 하는 경우는, 대표적으로 회사 내규에 "금고 이상의 집행유예 선고"를 당연 퇴직 사유로 규정하는 경우다. 이때 의뢰인은 음주운전으로 10년 내에 2번 단속되면 통상적으로 집행유예가 선고된다는 사실을 인터넷 검색 등을 통해서 이미 알고 있는 상태다. 그럼에도 회사에서 잘릴 수 없기 때문에 절박한 심정으로 변호사를 찾아온 것이다.

그렇다면 10년 내에 두 번이나 음주운전을 한 사람이 집행유예가 아닌 벌금형을 선고받을 수 있을까? 결론은 "가능하다." 최대한 양형 자료를 모아서 제출하고, 유리해 보이는 모든 사실을 드러내고, 회사 사규를 제출하고, 만약 집행유예를 선고받게 된다면 회사에서 퇴직당하게 되고, 그렇게 되면 생계가 막막해져서 오히려 피의자가 아닌 그 가족들이 대신 형벌을 받게 되는 꼴이라고 주장하면서, 최대 금액의 벌금형을 내려 달라고 검사님, 판사님께 읍소해야 한다. 그러면 벌금형이 나올 수 있다. 나도 10년 내 음주운전을 2번 한 의뢰인을 변호해서 여러 번 벌금형 판결을 받았다.

요지는, 음주운전 2회 차 고객이라도 벌금형이 필요한 경우 도움을 줄 수 있으므로, 놓치지 말고 사건을 수임할 수 있도록 노력해야 한다는 것이다.

3

가벼운 인사사고라면 경찰 조사 전에 합의해라

형사 사건에서 '합의'는 언제나 옳다. 그리고 합의는 빠르면 빠를수록 좋다. 특히 음주운전 교통사고 사건에서 합의는 필수다. 음주운전으로 교통사고를 발생시켜 사람이 다치게 되면 음주운전 + 교특법위반 치상 또는 특가법 위험운전 치상죄가 성립한다는 것은 변호사라면 누구나 알고 있을 것이다.

그런데, 만약 경미한 인사사고가 발생했고 경찰 조사 전에 합의를 마치게 된다면, 그리고 합의서에 "피해자 본인은 이 사고로 아무런 상해도 입지 않았다"는 취지가 기재된다면? 그러면 이 사건의 죄명은 교통사고처리특례법위반 사건에서 단순 음주 사건으로 바뀌게 되는 것이다.

단순 음주 사건이 되면 유리한 점이 많은 것은 당연하다. 해당 사건에서 가벼운 처분을 받는 것은 물론이고, 그래서는 안 되지만 혹시 다시 음주운전으로 적발된다고 하더라도 앞선 전과가 사람을 다치게 할 정도의 음주운전이 아닌 단순 음주운전이므로 두 번째 사건에서 벌금형이나 가벼운 처벌을 받을 수 있게 되는 것이다.

　항상 기억하자. '합의'는 언제나 옳다. 그리고 합의는 빠르면 빠를수록 좋다.

4

위험운전치상죄는 피할 수 있다

죄명과 적용 법조는 검사가 정해서 기소하는 것이 원칙임은 당연하다. 하지만, 처음 조사를 해서 죄명을 적어서 검사에게 올리는 사람은 경찰이고, 경찰이 올린 죄명이 크게 문제 되지 않는다면 검사도 그 죄명에 영향을 받을 수밖에 없다. 그렇다면? 역시 경찰에서 받는 초기 조사가 중요하다.

음주운전으로 사람이 다치는 인사사고가 발생한다면, 가장 무거운 죄는 역시 특가법 위반 위험운전치상죄일 것이다. 위험운전치상죄의 구성요건인 '음주 또는 약물의 영향으로 정상적인 운전이 곤란한 상태'는 술을 마셨다는 사실만으로 바로 인정되는 것은 아니다. 술을 마셨고, 만취 수준에 이르러 정상적인 운전이 곤란한 상태일 때 인정된다. 이는 단순히 혈중알코올농도가 높다는 사실뿐만 아니라 여러 정황, 예를 들면 사고 당시 차량의 속도, 차량의 비틀거림, 사고 이후 운전자의 행동, 누가 경찰에 신고했는지, 피해자 구호 조치를 했는지, 보험사에 전화를 했는지, 전화 당시 통화 녹음에서 발음이 심하게 꼬여 있는지 등을 종합적으로 검토한 후 결정된다.

무슨 말이냐면, 경찰 조사에서 위와 같은 정황들을 진술할 때 가능한 당시 상황을 자세하게 진술하면서, 사고 상황을 잘 기억하고, 적절하게 행동했다는 사실을 드러내야 한다는 것이다. 사고 이후 행동이 잘 기억나지 않는다면, 사고 충격으로 잠시 정신을 잃은 것 같다고 진술하면 된다. 그래서 술을 많이 마셔 블랙아웃 상태였다는 사실이 드러나지 않도록 주의해야 한다. 그리고 경찰관에게도 특가법 위험운전치상죄가 아닌 교특법위반혐의를 적용해 달라고 읍소하면서, 최대한 공손한 태도를 유지하고 수사에 적극적으로 협조해야 한다.

음주운전 인사사고에서 특가법위반 위험운전치상죄가 인정되지 않도록 변호사로서 최선을 다해야 한다. 사전에 의뢰인과 사건 상황을 최대한 재구성하면서, 사고 당시에 술은 마셨지만 정상적인 운전이 가능한 상태였다는 사실을 조사 과정에서 드러낼 수 있도록 연습해야 한다. 그리고 기억이 안 나는 부분에 대해서는 '사고 충격으로 기억이 안 난다'와 같은 답변을 미리 준비시켜야 할 것이다.

5

운전 시간과 단속 시간에 차이가 있다면 무혐의도 가능하다

수없이 많은 음주운전 사건을 수행했지만, 그중 기억에 남는 사건이 있는데 바로 음주운전 후 도주했다가 단속되었다가 음주운전에 대해서는 무혐의로 종결된 사건이다. 당시 의뢰인은 술을 마시고 운전을 했는데, 저 앞쪽에서 경찰이 음주단속하는 것을 발견했다. 그래서 의뢰인은 두려운 마음에 그대로 차를 돌려 도주하기 시작했고, 상당히 긴 거리를 도주하다가 결국 경찰차와 충돌하면서 멈춰 섰다.

그런데 문제는 경찰이 자동차 충돌 사건을 처리하느라, 의뢰인이 차를 멈춘 후 30분 동안 음주측정을 하지 않다가, 뒤늦게 음주측정을 하면서 발생했다. 운전을 멈춘 이후 약 30분이 지난 후 측정은 수치는 혈중알코올농도 0.03이 살짝 넘는 정도였다. 운전을 할 당시 혈중알코올농도는 0.03이 안 될 가능성이 생겨 버린 것이다.

대법원 판례에 따르면 혈중알코올농도는 사람에 따라 다르지만 마지막 음주시점부터 30분에서 90분 사이에 최대치에 달한다. 통상 음주운전은 운전 직후에 단속되어 혈중알코올농도가 측정되므로 운전 당시와 단속 당시 혈중알코올농도가 거의 차이가 없다고 보아 아무런 문제가 없다. 하지만, 운전을 중단한 시점과 혈중알코올농도 측정 시점에 차이가 발생하면 문제가 된다.

예를 들어, 마지막 술을 마신 시점이 저녁 9시, 운전을 한 시간은 9시 30분, 단속되어 호흡측정을 한 시간이 10시라고 하자. 그러면 호흡측정을 한 저녁 10시는 마지막으로 술을 마신 시간으로부터 60분이 지난 시간, 즉 대법원 판례에서 말하는 혈중알코올농도가 상승하는 시점이다. 그때 수치가 0.03을 조금 넘었다면, 실제로 운전을 했을 9시 30분에는 수치가 0.03%가 되지 않았을 수 있다는 합리적 의심의 여지가 존재하게 되는 것이다. 이런 논리로 음주 무혐의를 받았다. 이런 사건 만나면, 변호사 일이 재미있다는 생각이 들기도 한다.

6

가벼운 인사사고라면 마디모 신청

음주운전으로 인사사고를 발생시켰다면 국과수에 '마디모 신청'이라는 것을 해 볼수 있다. 이번 사고로 피해자에게 상해가 발생한 것이 맞는지 감정해 보는 것이다. 만약, 이번 사고로 피해자에게 상해가 발생한 것으로 보기 어렵다는 결과를 받게 된다면, 사건은 단순 음주사건으로 바뀌게 되고 처벌도 가벼워질 것이다.

사실, 수많은 음주운전 사소 사건을 수행해 봤지만 아직 마디모 신청을 해 볼 기회는 없었다. 다만, 마디모 신청이라는 방법이 있는지도 모르는 신입, 어쏘, 저연차 변호사들이 있어 알려 주고 싶었다.

음주 사고가 발생했는데, 도저히 이번 사고로 발생할 수 없을 것 같은 상해를 피해자가 주장한다면, 경찰에 마디모 신청을 해서 사고와 상해 사이에 인과관계가 없다는 점을 밝혀 보는 것도 방법이니 알아 두면 좋겠다.

7

음주 전과자 행정심판이 될까?

　음주운전 전과가 있는 의뢰인이 행정심판을 해서 면허취소처분을 취소해 달라고 한다면? 특별한 사정이 없는 한, 음주운전 전과가 있는 사람이 행정심판에서 승소하기는 매우 어렵다고 본다. 인터넷 블로그나 각종 광고를 보면 행정심판 인용 사례가 많아 보이지만, 아마 극소수 인용 사례를 크게 부각하고 반복적으로 성공 사례로 활용한 결과가 아닐까 한다.

　그래서 나는 내 의뢰인들이 행정심판을 제기해 달라고 한다면 안 될 가능성이 높다는 것을 미리 고지드린다. 그런데도 계속 원한다면 상당히 저렴한 비용으로 진행한다. 다른 행정사, 법무사나 로펌에서 희망 고문을 당해서 비싼 돈을 주고 행정심판을 진행하는 것을 예방하기 위해서다. 내가 음주운전 행정심판에 대한 실력이 부족해서 그런 것 아니냐고 비난한다면 받아들일 수밖에 없을 것 같다. 음주 전과가 있는 사람에 대한 행정심판에서는 승소한 기억이 없는 것 같다. 내가 부족한 탓이라 생각한다.

아무튼, 음주운전 전과가 있는 경우에는 행정심판에서 취소처분 취소 재결을 받아 내는 것은 매우 어렵다는 사실을 의뢰인께 사전에 고지하는 것이 필요하다. 의뢰인이 혹시 변호사의 실력을 의심한다면, 내 책의 이 부분을 보여 주면서, 다른 변호사도 어렵다고 한다는 점을 알려 줘도 좋을 것이다. 그래야 의뢰인이 헛된 희망을 품고 있다가 청구가 기각되었을 때 변호사를 원망하는 일을 방지할 수 있다.

8

의뢰인이 위법수집증거를 주장한다면?

음주운전 사건에서 가끔 의뢰인이 위법수집증거를 주장하는 경우가 있다. 요지는 음주측정을 할 때 입을 헹굴 수 있는 물을 주지 않았다거나, 혈액검사를 할 수 있다는 사실을 알려 주지 않았다는 것이다. 하지만 실제로 경찰이 물을 주지 않았다거나 혈액검사를 안내하지 않았다는 증거가 있냐고 물어보면 모두 없다고 한다.

사실 의뢰인의 주장이 법리적으로 잘못된 것은 아니고, 입을 헹굴 물을 주거나 혈액측정 방식을 안내했다는 사실은 경찰이 입증해야 하는 것은 맞다. 하지만 현실에서 이러한 주장이 받아들여지는 경우는 거의 없다. 술에 취한 상태에서 운전을 했다는 사실과 혈중알코올농도가 이미 나온 상황에서, 경찰의 실수를 명백히 입증할 증거도 없는 상태에서 위법수집증거를 주장해 봤자 받아들여지기 어렵다.

이럴 때는 의뢰인을 잘 설득해서 반성하는 취지로 변론하는 것이 변호사의 역할이다. 의뢰인에게 끌려가서 재판에서 위수증을 주장해 봤자 받아들여질 가능성도 크지 않고, 오히려 반성하지 않는 태도가 문제되어 더 무거운 처벌을 받을 수도 있는 것이다. 지푸라기라도 붙잡고 싶은 의뢰인의 마음은 이해하나, 변호사로서 의뢰인에게 도움이 되는 변론 방향은 위수증 주장이 아니라 자백하고 반성하는 취지로 변론하는 것이라고 생각한다.

9

즉일선고, 법정구속도 대비해라

음주운전 전과 3회 이상 피고인이라면, 언제 구속되어도 이상하지 않다. 물론 변호사들은 의뢰인들이 구속되지 않도록 도와주는 사람이지만, 사건에 따라서, 판사님 성향에 따라서 구속을 피하기 어려운 사건도 많다. 이럴 때는 의뢰인이 법정에 출석하기 전에 미리 언질을 주어야 한다.

음주운전 전과 2회 이상이고 이번이 3회 차인 경우, 음주운전으로 인사사고가 크게 났는데 합의하지 못한 경우에는 공판기일에 즉일 선고로 법정 구속될 수도 있고, 판결 선고기일에 법정 구속될 수도 있다. 따라서 이런 경우, 미리 직원을 통해서 의뢰인에게 법정에 올 때는 가족과 함께 출석하면서 휴대전화 등 귀중품을 맡겨 두도록 하고, 자동차를 가져오지 않도록 하며, 급한 신변은 미리 정리해 두도록 해야 한다.

그리고 실형을 선고받고 구속되면 항소를 진행해야 하므로, 가족이나 친한 지인 등 항소심 진행을 상의할 사람을 지정하고, 그 사람의 연락처를 미리 받아 두는 것이 필요하다. 음주운전으로 1심에서 실형을 선고받아 구속되고 미결 상태로 몇 달을 구속되어 있으면, 2심에서는 미결구금 기간도 고려하여 형이 감형되거나 집행유예를 받을 가능성도 있으므로 항소심 진행은 필수다.

따라서 법정구속이 예상되는 경우라면, 의뢰인에게 미리 언질을 주어 신변을 정리하도록 하고, 항소심을 상의할 사람의 연락처를 미리 받아 두는 것이 좋다.

10

항소를 하지 않을 이유가 있나?

음주운전 사건으로 1심에서 법정 구속된 경우, 비용문제를 제외하면 항소를 하지 않을 이유는 없다고 생각한다. 음주운전은 법정에서 사실관계를 다투고 무죄를 주장하는 사건은 거의 없고, 대부분 범행을 인정하고 반성하면서 양형 자료를 제출하고 선처를 구하는 재판이다. 그렇다면, 양형이란 일정한 기준은 있을지라도 법관에 따라서 달리 판단될 여지가 분명히 있다.

1심에서 법정 구속되면, 2심에서 판결을 받기 전까지 대략 3~6개월가량이 소요된다. 그 기간 피고인은 구치소에 구금되어 있는데, 결코 짧은 기간은 아니다. 전문용어로 "밑동을 채운다"라는 표현을 쓰는데, 선고된 형의 상당 부분을 이미 구금된 상태로 보냈다는 것이다. 1심에서 법정 구속되어 구치소에 수감되어 자유를 박탈당한 상태에서 상당한 반성의 시간을 보냈을 것이므로, 2심에서 집행유예 가능성은 그만큼 커진다. 그게 아니라면 감형이라도 받을 가능성이 커지는 것이다.

항소심은 1심에서 주장한 양형 사유에 조금 더 자료를 만들어서 제

출하고, 피고인이 구금된 기간 동안 얼마나 많은 후회와 반성을 했는
지를 재판부에 드러내는 것으로 크게 어렵지 않은 사건이다. 따라서
비용도 많이 받을 필요가 없다. 그리고 1심에서 실형이 선고된 사건에
서는 검사가 항소하는 경우는 매우 드물고, 자백하고 반성하며 양형부
당만 주장하는 사건에서 1심보다 더 무거운 형을 선고받는 경우는 아
직 한 번도 보지 못했다.

요약하면, 음주운전으로 1심에서 실형을 선고받고 법정 구속된 피고
인이라면, 항소를 하지 않을 이유가 없다. 이 점을 의뢰인께 잘 설명하
면 항소심도 수임할 수 있다.

제9부

사기죄 변론의 기술

1

사기죄 고소는 생각보다 품이 많이 든다

　신입, 어쏘, 저연차 변호사에게 배당되는 핵심적인 업무 중 하나가 사기 사건이다. 그중 사기죄 고소 사건은 일상생활에서 많이 발생하는 사건이므로 수임되는 경우가 많고, 그래서 신입급 변호사들에게 많이 배당된다. 사기죄는 로스쿨에서 많은 시간을 들여 공부한 부분이므로, 법리적으로 낯설거나 어려운 부분은 많이 없을 것이다.

　문제는, 사기죄 고소를 하는데 엄청난 양의 증거를 정리해야 하는 경우가 많다는 것이다. 사기란 무엇인가? 기망, 바로 속이는 것이다. 그런데 그 기망을 입증할 증거가 쉽고 간단하게 드러나는 경우도 있지만 그렇지 않은 경우도 많다. 대부분의 사기꾼들이 그렇게 만만하지가 않기 때문이다. 오랜 기간 신뢰를 쌓고, 돈을 빌렸다가 갚았다가 하고, 이자를 줬다가 그것이 원금이라고 했다가, 수익금이라고 했다가 다시 이자라고 하면서 돈을 갚고, 그 이자를 또 투자하라고 하면서 빌려 가고, 빌려 간 것이 아니라 투자금이니 손실을 봐도 돌려줄 수 없다고 하고, 조금만 더 투자하면 이자를 주겠다며 다시 돈을 빌리고, 돈을 갚아 달라고 하면 이번 주에 갚는다, 다음 주에 갚는다, 곧 돈이 나온다라며 시간을 끌고, 그날이 되면 연락을 두절하고, 겨우겨우 소액을 갚는데 이것은 지난번 원금에 대한 이자라고 하고, 또 돈을 더 빌려 달라고 하고… 끝도 없다.

사기꾼이 몇 달간 피해자에게 작업한 카톡 대화나 녹음을 듣고 있으면 변호사인 나도 정신병에 걸릴 것 같다. 몇 달 혹은 몇 년간의 대화 내역을 분석하고, 돈의 흐름을 정리해서 정확히 피해자가 사기꾼에게 빌려준 돈이 얼마인지, 받은 돈이 얼마인지, 그래서 못 받은 돈이 얼마인지, 빌려준 돈이 맞는지 아니면 투자금으로서 원금손실위험을 인지했는지를 정확히 정리하고, 그래서 도대체 무엇을 어떻게 얼마나 '기망'했는지를 이해하기 쉽고 명확하게 정리하고, 이를 뒷받침할 증거도 정리해서 고소장에 기재해야 한다. '그냥 경찰이 알아서 판단하겠지'라는 안일한 생각으로 대충 몇 달치 카톡 대화 내역과 녹취록을 제출한다면, 경찰도 그 내용을 다 정리할 방법이 없고, 혐의 없음 처분을 할 수밖에 없을 것이다.

이렇게 잘못 걸리면 엄청난 시간과 노력이 드는 것이 사기죄 고소 사건이다. 절대 만만하게 보면 안 된다. 상담을 해 보고, 쉽지 않아 보인다면 즉시 대표 변호사에게 보고해서 수임료를 충분히 받아야 한다. 그렇지 않으면 엄청난 업무량에 압도되어 업무를 처리하기 어려운 상황에 이르고, 자포자기하는 상황에 이를 수도 있다. 이는 의뢰인에게도 손해가 되는 일이다.

2

사기죄 고소의 핵심은 '기망' 입증

사기죄 고소의 핵심은 피의자의 '기망'을 입증하는 것이다. 그리고 그 '기망'은 누가 봐도 바로 쉽게 이해할 수 있도록 고소장에 정리되어 있어야 한다. 간혹 신입, 어쏘 변호사들에게 사기죄 고소장을 작성해 오라고 하면, 바로 이 '기망을 이해하기 쉽게 정리'하지 못하는 잘못을 범하는 경우가 많다.

기망이란 속이는 것이다. 무엇을 속이는 것인가? 차용금 사기라면 돈을 빌리는 용도를 속이는 용도 사기를 포함해서, 변제할 의사, 변제할 능력, 변제 방법을 속이는 것을 말한다. 그렇다면 고소장에는 돈을 빌리는 용도를 속였다는 것인지, 아니면 변제할 의사나 능력, 방법을 속였다는 것인지를 두괄식으로 명확하게 기재하고, 피해금액이 얼마인지도 한눈에 보기 쉽게 기재해야 한다.

그리고 그 뒤에 용도를 속였다면 그렇게 볼 수 있는 이유나 근거를 제시하고, 피해 금액이 어떻게 계산되었는지 그 계산 방법과 이를 입증할 증거를 제시하면 된다. 이렇게 글로 대략적으로 써 놓으면 쉬워 보이지만, 실무는 그렇지 않다. 돈을 빌려주고 받지 못한 사실은 알겠는데, 정확히 어떤 부분을 속인 것인지 명백하지 않은 경우가 많고, 기망을 입증할 증거가 없이 돈만 왔다 갔다 한 사건도 많기 때문이다.

처음부터 해당 사건에서 발생한 '기망'이 무엇인지 명확히 특정하지 않고 시작한다면, 고소장 내용은 산으로 가고, 수사관도 고소 내용을 잘 이해하지 못해서 결국 사기죄 고소 사건은 불송치 결정을 받게 될 가능성이 커진다. 누가 봐도 '속였다'는 사실을 이해하기 쉽게 정리하는 습관을 들여야 사기죄 고소 사건에서 승소율이 높아질 것이다.

3

보이스피싱 현금 수거책 사기 방조는 대부분 실형

내가 어쏘 변호사로 일할 2021~2022년 초 정도만 하더라도, 보이스피싱 현금 수거책의 경우에는 별도로 피해자와 합의하지 않더라도 집행유예가 선고되는 경우가 많았다. 그래서 보이스피싱 현금 수거책 사기죄의 공동정범이나 사기 방조죄 혐의를 받는 의뢰인을 변호하는 데 큰 부담이 없었다. 최대한 성의껏 양형 자료를 모아서 제출하면 집행유예 선고를 받는 것이 가능했다.

그러던 것이 어느 순간 분위기가 바뀌어서 보이스피싱 범죄에서 단순 현금 수거책으로 가담했다 하더라도 대부분 실형이 선고되기 시작했다. 형량도 2, 3년 등 중형이 선고되었다. 현금 수거책으로 긴급체포, 영장에 의한 체포 등 체포되는 경우에는 구속영장신청으로 이어졌고, 사전에 구속되는 경우도 많이 발생했다. 법원의 판결문을 보면 "현금 수거책 활동을 통해서 보이스피싱 범죄가 완성된다"라고 판시하면서, 현금 수거책을 단순한 종범으로 보는 입장이 아니라, 범죄를 완성시키는 정범에 가까운 수준으로 인정하고 있다.

보이스피싱 현금 수거책 의뢰인과 상담을 하다 보면, "내가 한 일이 보이스피싱 현금 수거책인지 몰랐다"고 주장하는 경우가 대부분이다. 일부 하급심 판결문을 보더라도 본인이 한 일이 보이스피싱 현금 수거책 역할인지 몰랐다는 사실이 인정되고 따라서 범죄의 고의가 부정되어 무죄가 선고되기도 한다.

하지만, 최근에는 그냥 유죄라고 생각하는 것이 좋다. 요즘은 보이스피싱에 대해서 사회적으로 워낙 널리 알려져 있어 보이스피싱 관련 행위인지 몰랐다는 변명이 통하지 않는다. 그리고 대부분 은행 ATM기에 현금을 입출금할 때 보이스피싱 안내 문구가 있는데 이 문구를 보지 못했냐고 판사님이 물어보시면 할 말이 궁색해진다. 또한, 보이스피싱 범죄와 관련된 돈이라는 점을 명백히는 몰랐다고 하더라도 불법적인 자금, 예를 들면 세금 탈세를 위한 현금 거래나 도박자금 등으로 알고 있었다 하더라도 미필적 고의가 인정되는 것이 보통이다.

그래서 의뢰인들이 ChatGPT나 각종 인터넷 검색 등을 통해서 자신에게 유리한 정보만을 편향적으로 보고 와서 무죄를 주장한다 하더라도, 유죄가 선고될 가능성이 높기 때문에 혐의를 인정하고 피해자와 합의하는 방향으로 변론을 진행하자고 의뢰인을 설득하는 것이 좋다. 어설프게 의뢰인의 말만 듣고 무죄를 주장한다면, 1심에서 실형이 선고되어 법정 구속될 가능성이 대단히 크다. 그리고 형량도 6개월이나 1년이 아니라, 3년 이상 중형이 선고될 수도 있다.

4

의뢰인을 100% 믿지 마라

사기죄 사건에서 특히 조심해야 할 것은 사기죄 피의자 또는 구치소에 수감된 피고인이다. 일부 사기죄 피의자나 피고인 들은 변호사에게도 사기를 친다. 변호사에게 사기를 치는 유형은 크게 두 가지인데, 첫째는 사건 자체에 대하여 거짓말을 하는 것이고, 두 번째는 수임료를 사기 치는 것이다.

첫째, 의뢰인이 사건 자체에 대해서 거짓말을 하는 경우가 있다. 피의자신문조서나 증거 기록을 살펴보면 분명 의뢰인이 피해자를 기망한 것으로 보이는데, 본인은 절대 그런 사실이 없다고 한다. 분명 돈을 빌렸다가 갚지 않았는데 투자받은 돈이라고 하고, 돈을 빌릴 당시 용도를 속였는데 속인 적이 없고 용도를 고지했다고 하고, 돈을 안 갚은 지 오랜 기간이 지났는데 곧 돈을 다 갚을 것이라고 한다.

이런 경우, 의뢰인의 주장에 따라 무죄 취지로 변론 방향을 잡으면, 도저히 길이 보이지 않고 막막해서 변호사가 엄청난 스트레스에 시달

리게 되고, 자괴감이 들기도 한다. 따라서 증거 기록을 분석해서 명확히 기망이 인정될 것이고 따라서 부인하고 합의하지 않으면 유죄 및 실형 선고가 가능함을 분명히 의뢰인에게 알려 줘야 한다. 그러면, 거짓말을 하는 사기죄 의뢰인들은 대부분 "그러면 형량이 얼마나 나오나요?"라며 형량을 물어본다. 자신도 스스로 잘못한 것을 속으로 알고 있으므로, 형량이 궁금한 것이다.

둘째, 수임료를 나중에 주겠다고 하면서 "우선 경찰 조사에 동석해 달라" "재판에 출석해 달라" "구치소에 접견을 와 달라" "피해자에게 합의서를 받아 달라"고 요구하는 의뢰인이 있다. 사기죄 혐의를 받는 경우 위와 같은 요구에 응할 필요가 전혀 없다. 대부분 수임료를 받지 못하고 끝난다. 나도 초기에 사건 수임에 대한 기대로 몇 번 수임료를 받지 않고 변론을 진행한 경험이 있다. 하지만 결국 돈은 못 받고 끝났다. 수임료를 받지 않았다면 도와줄 필요가 없다. 변호사는 자선사업가가 아니다. 특히 사기 사건에서는 더욱 그렇다.

5

합의금은 미리 받고 합의를 시도해라

사기죄 사건뿐만 아니라 형사 사건을 진행하다 보면, 피해자와 합의를 해야 하는 경우가 많이 생긴다. 유죄가 인정되는 사건에서 합의는 필수라는 사실은 100번 강조해도 지나치지 않는다. 그런데 사기죄 사건에서 합의는 다른 사건과는 조금 다른 특이한 점이 있어서 주의해야 한다.

우리 의뢰인이 피의자나 피고인인 경우 합의를 하겠다면서 피해자에게 합의 의사를 물어봐 달라는 경우가 있다. 이때 피해자에게 바로 합의 의사를 물어봐서는 안 된다. 사기죄 피의자인 우리 의뢰인에게 합의금이 준비되었는지, 언제까지 지급 가능한지 확실하게 확답을 받고 난 이후에야 피해자에게 합의 의사를 물어봐야 하는 것이다. 그 이유는 명백하다. 의뢰인이 합의금을 줄 것처럼 사기를 치는 경우가 태반이기 때문이다.

일단 먼저 합의서를 써 주면 합의금을 주겠다고 하는 사람도 많다. 겨우 피해자를 설득해서 합의 직전까지 갔지만, "조금만 더 기다려 달라" "다음 달에 돈 나올 곳이 있다" "돈을 빌리고 있다" "합의금을 할부로 주면 안 되냐" "일단 합의서 먼저 받아 주면 안 되냐" 하면서 시간을 끌고, 결국 합의금을 입금하지 않는 경우가 몇 번이나 있었다. 변호사로서 정말 곤란한 일이었다.

나 같은 경우에는 합의금을 내 통장에 입금받은 이후에 피해자에게 첫 연락을 시도한다. 의뢰인이 합의를 시도해 달라고 요청하면, 먼저 합의금을 내 계좌로 보내라고 한다. 언제 언제까지 보내겠다고 하면, 그 언제가 언제인지 확인하고, 입금받은 날부터 피해자에게 연락하겠다고 통보한다. 사기죄 사건에서는 특히 합의금을 100% 지급 가능한 상태로 확보하지 않은 상태에서 어설프게 피해자에게 합의를 하자고 연락해서는 안 된다.

피해자 입장에서도 변호사가 합의를 위해서 연락을 해 온다면 피해 금액을 돌려받을 수 있다는 기대를 품게 된다. 그런데 합의금을 줄 것처럼 합의 요청을 해 놓고 변호사가 갑자기 합의금 마련에 시간을 달라고 한다면, 피해자 입장에서는 두 번 사기를 당하는 기분이 들 것이다. 사기죄 피해자들은 이미 돈을 잃고 사람에게 속고 배신당했다는 생각에 영혼까지 파괴되어 절망과 고통 속에서 하루하루 살고 있다. 이런 피해자들에게 변호사가 두 번 실망을 주는 일은 절대 있어서는 안 된다.

경찰에게 들은 이야기로는, 보이스피싱 사기 피해자들 같은 경우에는 경제적 형편이 어려운 사람들이 많은데, 현금 수거책이라도 잡혔다는 소식을 들으면 돈을 돌려받을 일말의 희망을 품는다고 한다. 그런데 현금 수거책 역시 대부분 돈이 없는 사람들이라서 이들로부터 돈을 돌려받을 가능성이 없다는 소식을 듣게 되면, 극단적으로 자살을 선택하는 피해자들이 종종 발생한다는 것이다. 이처럼 사기 피해자들은 벼랑 끝에 살고 있다. 이들에게 변호사가 자칫 헛된 희망을 품도록 했다가 실망감을 주는 행동은 결코 해서는 안 되는 것이다.

결론은, 사기죄 사건에서 합의를 시도하는 경우는 반드시 의뢰인이 합의금을 100% 지급할 수 있는 상황에서 합의를 시도해야 한다는 것이다.

제10부

학교폭력, 소년재판
변론의 기술

1

학교폭력 사건의 특징

신입, 저연차, 어쏘 변호사들이 맡는 사건 중에 학교폭력 사건이 많이 늘어나고 있다. 학교폭력은 로스쿨에서 배우는 과목이 아니기 때문에 부담을 가지는 변호사들이 많은데, 크게 걱정할 필요는 없다. 기본적으로 형사 사건과 유사한 개념으로 접근하되, 형사 사건과 다른 학교폭력 사건만의 특정을 알아 두면, 사건을 해결할 수 있다.

"학교폭력"이란 학교 내외에서 학생을 대상으로 발생한 상해, 폭행, 감금, 협박, 약취·유인, 명예훼손·모욕, 공갈, 강요·강제적인 심부름 및 성폭력, 따돌림, 사이버폭력 등에 의하여 신체·정신 또는 재산상의 피해를 수반하는 행위를 말한다(학교폭력예방법 제2조제1호). 형사법에 저촉되는 행동은 모두 학교폭력에 해당한다고 보면 된다. 그리고 위 규정에서 정의한 학교폭력의 내용은 열거규정이 아닌 예시규정이다. 따라서 위 규정에서 정한 사항 외에도 신체, 정신 또는 재산상 피해를 주는 모든 행위는 학교폭력에 해당한다. 그리고 학교폭력이 발생한 장소는 학교 내, 외를 불문하므로 학교에서 발생한 폭력뿐만 아니라

학원이나 노래방 기타 장소에서 발생한 폭력도 모두 학교폭력 사건에 해당한다.

한편, 학교폭력 사건은 학생을 대상으로 하는 것이므로, 같은 학교 학생끼리 발생한 사건뿐만 아니라 다른 학교 학생에 의해 발생한 사건과 상급학교와 하급학교, 즉 중학생과 고등학생 사이에 발생한 사건도 당연히 학교폭력 사건에 해당한다. 반대로 성인이 학생에 대하여 폭력을 행사한 경우나 학생이 성인을 대상으로 한 행동 또는 학생이 학교 선생님을 대상으로 한 행위는 모두 학폭이 아니다. 후술하는 학교폭력 사건의 일반적인 흐름을 보면, 이해가 더 쉬울 것이다.

2

학교폭력 사건의 일반적인 흐름

학교폭력 사건은 피해학생(피해를 주장하는 학생)이 학교에 학폭 신고를 하면서 시작된다. 학교폭력 사건이 접수되면 학교에서는 교감, 학폭 담당 선생님 등을 구성원으로 하여 '전담기구'라는 것을 만들어서 학폭 사건을 조사하게 된다. 가해학생(가해자로 지목된 학생)과 피해학생, 목격자 등을 불러 진술서를 쓰게 하고, 부모님 의견서도 제출받는다. 요즘은 일선 학교의 학교폭력 사건 처리에 대한 부담을 경감시켜 주기 위해서 교육지원청에서 직접 '조사관'을 파견해서 사건을 조사한다.

사건 조사가 어느 정도 마무리되면 사건은 교육지원청 산하 학교폭력대책심의위원회, 일명 학폭위로 회부된다. 학폭위로 회부되기 전에 '학교장 자체해결'제도라는 것이 있다. 말 그대로 학교장이 학폭위로 사건을 회부하기 전에 사건을 종결하는 것으로, 학교폭력예방법에 학교장 자체해결로 종결하기 위한 조건이 명시되어 있다. 이 조건 중 가장 중요한 것은, 피해자와 그 부모님의 동의다. 피해학생과 그 부모님이 동의를 해야만 학교장 자체해결로 사건을 종결할 수 있다. 다른 말로, 아무리 가벼운 학폭 사건이나 학폭이 아닌 것으로 보이는 사건, 또는 피해가 전혀 없어 보이는 사건이라 하더라도, 피해자 측에서 종결을 원하지 않으면 무조건 학폭위로 회부되어야 한다는 것이다.

학교장 자체해결이 되지 않고 사건이 학폭위로 회부되면, 교육지원청에서 학교폭력대책심의위원회가 개최된다. 학폭위에는 가해학생, 피해학생이 참석하고 필요한 경우 학교 담임 선생님이나 학폭 담당 선생님도 참석한다. 학폭위는 가해자와 피해자가 마주치지 않게 하기 위해서 심의 시간을 분리한다. 예를 들어 피해학생 심의 시간이 오전 10시라면, 가해 학생 심의 시간은 오후 1시가 되는 식이다.

심의는 위원장 1명과 심의위원 4~6명 정도가 통상 참석하고, 속기사가 심의 내용을 전부 녹음하고 기록한다. 위원들의 질문에 대해서 대부분 학생이 답변해야 한다. 심의에 참석할 때는 부모님 중 1명 또는 2명과 변호사가 함께 참석할 수 있는데, 학생의 답변을 대신해 줄 수는 없고, 사실관계가 잘못되면 바로잡는 수준으로 답변을 도와줄 수 있다. 그리고 위원장에게 발언권을 얻어서 발언할 수 있고, 마지막에 최후 진술을 할 수 있다.

이렇게 피해 학생과 가해 학생에 대하여 심의를 마치고 나면, 위원들끼리 회의를 해서 가해 학생의 행위가 학교폭력에 해당하는지, 해당한다면 그 행위의 심각성, 지속성, 고의성, 반성의 정도, 화해 정도 등에 대해서 점수를 부여하고, 그 점수를 모두 더해서 합산 점수로 1호 서면 사과부터 9호 퇴학까지 처분을 내릴 수 있다. 참고로 9호 퇴학처분은 의무교육과정인 중학생까지는 불가하고, 고등학생만 가능하다. 아래에 첨부한 표(학교폭력 가해학생 조치별 적용 세부기준 고시)를 보면 조치가 어떻게 정해지는지 알 수 있으므로, 고객과 상담할 때 아래 표를 함께 보면서 상담을 진행하면 고객도 조치 결정 과정을 쉽게 이해할 수 있을 것이다.

[별표] 학교폭력 가해학생 조치별 적용 세부 기준

			기본 판단 요소					부가적 판단요소	
			학교폭력의 심각성	학교폭력의 지속성	학교폭력의 고의성	가해학생의 반성정도	화해정도	해당 조치로 인한 가해학생의 선도가능성	피해학생이 장애학생인지 여부
판정 점수		4점	매우높음	매우높음	매우높음	없음	없음		
		3점	높음	높음	높음	낮음	낮음		
		2점	보통	보통	보통	보통	보통		
		1점	낮음	낮음	낮음	높음	높음		
		0점	없음	없음	없음	매우높음	매우높음		
가해학생에 대한 조치	교내선도	1호	피해학생에 대한 서면사과	1~3점				해당점수에 따른 조치에도 불구하고 가해학생의 선도가능성 및 피해학생의 보호를 고려하여 시행령 제14조제5항에 따라 학교폭력대책심의위원회 출석위원 과반수의 찬성으로 가해학생에 대한 조치를 가중 또는 경감할 수 있음	피해학생이 장애학생인 경우 가해학생에 대한 조치를 가중할 수 있음
		2호	피해학생 및 신고·고발 학생에 대한 접촉, 협박 및 보복행위의 금지	피해학생 및 신고·고발학생의 보호에 필요하다고 심의위원회가 의결할 경우					
		3호	학교에서의 봉사	4~6점					
	외부기관연계선도	4호	사회봉사	7~9점					
		5호	학내외 전문가에 의한 특별 교육 이수 또는 심리치료	가해학생 선도·교육에 필요하다고 심의위원회가 의결할 경우					
	교육환경변화	교내	6호	출석정지	10~12점				
			7호	학급교체	13~15점				
		교외	8호	전학	16~20점				
			9호	퇴학처분	16~20점				

심의위원들이 심의를 마치고 어떤 조치를 할지 결정하면, 14일 이내에 조치가 결정되어 조치결과를 문서로 통보받을 수 있다. 이에 대하여 이의가 있다면 행정심판이나 행정 소송을 제기할 수 있고, 행정심판전치주의는 아니다. 학폭위 회의결과는 속기사가 모두 기록하여 회의록을 만들게 되므로, 회의록은 처분을 받은 이후에 정보공개청구를 해서 받아 볼 수 있다. 이 정도가 학교폭력 사건의 일반적인 흐름이다.

3

학교폭력 사건에서 변호사가 하는 일

학교폭력 사건에서 변호사가 하는 일은 일반 형사 사건 절차에서의 변호사가 하는 일과 비슷하다. 고객이 오면 전체적인 학폭 사건의 흐름을 설명하고, 사실관계를 파악하고 관련 증거를 수집하는 것이다. 학폭 피해자라면 피해 사실을 입증할 증거를, 가해자라면 가해 사실이 없었다는 증거를 수집하고, 가해자가 혐의를 인정한다면 합의를 조율한다.

학교장 자체해결로 사건이 종결되지 않고 교육지원청 학교폭력대책심의위원회 단계로 사건이 넘어가면, 변호사는 앞서 수집한 증거를 바탕으로 의견서를 작성하여 교육지원청에 제출한다. 그리고 학폭위가 열리면 관련 학생, 부모님과 함께 학폭위에 참석해서 의견을 진술한다. 그리고 학폭위가 끝나면 회의록 정보공개를 신청해서 학부모님께 전달하고, 불복이 있으면 행정심판이나 행정 소송을 진행하면 된다.

간단하게 설명하면 위와 같지만, 세부적으로는 할 일이 많다. 학생을 불러 면담하면서 사실관계를 파악해야 하는데, 어린 학생이라 기억이 오락가락하는 경우가 많아 정리가 힘들다. 그리고 부모님도 자녀의 일이라 객관적인 판단보다는 감정적인 판단을 하는 경우가 많아 변호사가 사건을 객관적으로 파악하기 위해서 꼼꼼히 질문하고 관련 증거를 수집해야 한다.

학폭 사건이 접수되면 학생과 부모님이 진술서를 써야 하는데, 어떻게 쓰면 되는지 물어보는 경우가 많다. 이때도 변호사는 미리 파악해 둔 사실관계를 기초로, 우리 쪽에 유리한 방향으로 진술서가 작성될 수 있도록 조언해 주어야 한다. 그리고 아이들 싸움이 어른 싸움으로 번지거나 아동학대 사건, 부모님 간에 명예훼손 사건으로 번질 수 있으므로, 우리 의뢰인이 이런 일에 휘말리지 않도록 법적 조언을 해야 한다. 경험이 필요하지만 겁먹을 필요는 없다. 일반 형사 사건을 처리한다는 생각으로 임하면 된다.

4

기대와 다른 결과를 예상하라

학교폭력대책심의위원회 처분을 받아 보면, 예상과 너무나 다른 결과가 나오는 경우가 종종 있다. 그 이유는 조치 결정 과정에 문제점이 있기 때문이다. 조치 결정 과정의 첫 번째 문제점은 학부모 위원에 있다. 심의위원 중에는 법률전문가가 아닌 학부모들이 3분의 1 이상 포함되어 있다. 학부모들이 대부분 훌륭하시지만 아주 일부는 감정적으로 사안을 대하시는 분이 분명히 있다. 엄격한 증거를 바탕으로 사실관계 확인하여 조치를 결정하기보다는 대강의 정황과 감정에 따라 사안을 판단하는 것이다. 특히, 일부 학부모 위원들은 사실관계를 놓고, 가해 학생을 무조건 나쁜 사람으로 몰아가는 사람도 있다. 가령, 자신의 자녀가 여학생이라면 남학생이 잘못했을 가능성이 크다는 편견을 가지는 것이다. 명확히 사실관계를 파악하지 않고 가해 학생을 훈계하는 사람도 있다.

조치 결정 과정의 두 번째 문제점은 기준의 모호성에 있다. 앞서 제시한 [학교폭력 가해학생 조치별 적용 세부 기준] 표를 보면 조치 결정

기준에 대하여 어느 정도 객관성을 확보한 것처럼 보이지만, 실상은 전혀 그렇지 않다. 예를 들어 '지속성'에 관하여 살펴보면, 1달간 4회 폭행하면 1달 동안 폭행한 것이므로 누군가는 매우 높음(4점)을 줄 것이고, 누군가는 4번만 폭행한 것이므로 보통(2점)을 줄 수 있다. '고의성'도 1번 폭행하면 이는 고의적인 것이므로 어떤 위원은 높음(3점)을, 어떤 위원은 일회성에 그친 것이라며 낮음(1점)을 줄 수 있는 것이다. 이처럼 심각성, 지속성, 고의성 등에 대하여 사람에 따라 점수를 산정하는 기준이 모두 달라 유사한 사안에서도 전혀 다른 조치가 나올 가능성이 큰 것이다.

ㅇ   위원장 : 위원님들께서는 '학교폭력의 지속성'에 대한 판정과 그에 대한 이유를 말씀해 주십시오.

ㅇ   위원 : 학교폭력의 지속성 '낮음' 1점입니다. 10월 한 달간 일어난 일이지만 5~6차례 반복되어 지속성이 없다고 볼 수 없습니다.

위 자료는 실제 학교폭력대책심의위원회 회의록을 발췌한 것이다. '학교폭력의 지속성'에 대해서 10월 한 달간 5~6차례 반복된 행위인데 지속성이 '낮음'으로 평가되었다. 낮음은 1점이다. 과연 어떤 학교폭력 피해 학생과 그 부모님이, 한 달 동안 5~6차례나 반복된 학교폭력의 지속성이 낮다는 위와 같은 평가에 동의할지 의문이다.

이처럼 가해 학생 조치 결정 과정에는 큰 문제점이 있고 이는 향후 반드시 개선되어야 할 것이다. 다만, 이러한 문제점이 개선되기 전까지 변호사는 학교폭력 사건의 의뢰인에게 위와 같은 문제점이 있음을 설명해 주어야 한다. 학폭위 위원들은 엄격한 트레이닝을 거친 판사가 아니므로, 사실관계에 법률을 적용하고 해석함에 있어서 오류가 있을 수 있고, 이에 따라 전혀 예상치 못한 결과가 나올 수도 있다는 점을 미리 설명해야 한다. 그래야 차후에 실제로 예상치 못한 결과가 나왔을 때 의뢰인으로부터 불필요한 클레임을 당하지 않을 수 있는 것이다.

5

학폭위가 끝났다면, 회의록 정보공개를 요청하라

학폭위가 끝나면 처분이 나온다. 처분이 나오면 이제 처분을 받아들일지 아니면 불복할지 결정해야 한다. 처분의 당사자로서 가해학생, 피해학생 모두 행정심판이나 행정 소송을 제기할 수 있다. 행정심판이나 행정 소송을 제기하기 위해서는 처분이 위법하거나 부당함을 밝혀야 한다. 처분이 위법하거나 부당하다는 점을 밝히기 위해서는 학폭위 위원들이 잘못된 처분을 했다는 점을 밝혀야 하고, 이를 위해서는 학폭위 회의록을 살펴봐야 하는 것이다.

따라서 학폭위가 끝나면 정보공개청구를 통하여 회의록을 받아 보아야 한다. 회의록에는 위원이나 발언한 사람의 이름은 전부 가려져 있지만, 발언의 맥락을 살펴보면 누가 한 발언인지 대략 유추가 가능하다. 회의록은 속기록이므로 누가 어떤 발언을 했는지 명확하게 기록되어 있다. 회의에 참석한 가해 학생, 피해 학생, 학부모, 변호사, 선생님 등의 발언과, 이를 바탕으로 위원들이 처분을 결정하면서 한 발언이 모두 기재되어 있다.

이런 회의록을 분석해 보면, 도대체 어느 부분이 잘못되어 잘못된 처분으로 이어지게 되었는지 판단할 수 있다. 따라서 학폭위가 끝나면 반드시 회의록 정보공개를 청구해서 회의록을 받아 보아야 하고, 이런 절차를 통해서 처분의 위법이나 부당성을 가려볼 수 있다는 사실을 고객에게 안내해야 한다.

6

학폭 사건과 다른 소송 연계

학교폭력 사건을 수임한 변호사는 학폭 사건 하나만 봐서는 안 된다. 연계된 사건들이 있기 때문이다. 우선 학교폭력 사건을 수임하면 가해 학생의 나이를 살펴봐야 한다. 가해 학생의 나이가 만 10세 이상이면, 경찰 신고가 가능하다. 만 10세부터 만 13세까지의 촉법소년은 고소를 하면 '진정'이라는 형태로 접수가 되지만 형식이 중요한 것이 아니고 경찰 신고가 가능하다는 사실이 중요하다. 경찰 신고가 가능하다는 것은 곧 형사 사건으로 접수가 된다는 것이다. 따라서 학폭 사건을 수임하고 여기에 더해서 형사 사건을 추가로 수임할 수 있는 것이다.

그리고 학폭 사건과 형사 사건 외에 민사 소송 수임도 가능하다. 학폭 사건의 피해자는 가해자로부터 정신적 피해를 입은 것이 명백하다. 피해자의 부모님도 자녀가 학교폭력을 당하였다는 사실 자체만으로 정신적 고통을 겪었음은 경험칙상 명백하다. 그리고 손해배상은 학교폭력 가해 학생과 이를 보호하고 양육할 책임이 있는 그 부모님이 공동으로 책임을 부담한다.

따라서 학교폭력 피해 학생과 그 부모님은 가해 학생과 그 부모님을 상대로 민사 소송을 제기할 수 있고, 병원 치료를 받았다면 치료비 등 적극손해와 정신적 손해에 대한 위자료 청구 소송을 제기할 수 있는 것이다. 따라서 학폭 사건을 수임하고 여기에 더해서 민사 사건을 추가로 수임할 수 있는 것이다.

정리하면, 변호사는 학폭 사건을 수임하면 형사 사건과 민사 사건을 추가로 수임할 수 있는지 살펴보고 의뢰인에게 안내하여, 필요시 추가로 사건을 진행할 수 있어야 한다는 것이다.

7

학폭 민사 소송에서는 소송비용에 주의하라

학교폭력 피해자를 대리해서 민사 소송을 제기할 때는 조심해야 할 것이 있는데, 바로 소송비용이다. 학교폭력 사건에서 가끔 가해자가 여러 명인 사건의 피해자를 대리하는 경우가 있다. 이때는, 가해 학생 모두를 상대로 학폭 신고를 하고 경찰 고소를 진행하는데, 여기까지는 문제가 없다. 그런데 민사 소송을 할 때는 이야기가 달라진다.

예를 들어 가해 학생이 5명이라면, 학생 1명에 부모님 2명을 더해서 총 15명을 피고로 해서 민사 소송이 들어간다. 그러면 피고가 15명이고, 이론적으로 피고 대리인 변호사가 5명 선임될 수 있다. 이런 상태에서 위자료 청구를 다소 과도하게 해서, 예를 들어 1천만 원 정도 인용될 사건에서 2~3천만 원을 청구한다면? 그래서 판결문에 원고 일부 승소 판결이 나왔는데, 소송비용은 원고가 3분의 2를 부담하라는 판결이 나온다면?

피고들로부터 공동해서 1천만 원의 위자료를 받는 것은 그렇다 하더라도, 이제부터 각 피고들에 대하여 3분의 2의 소송비용을 물어 줘야 한다. 피고들에게 변호사가 모두 선임되어 있다면, 각 피고들에게 모두 변호사비용이 포함된 소송비용을 지급해야 하므로, 실질적으로 금전적으로 이익이 거의 남지 않게 되는 상황이 발생할 수 있는 것이다.

학폭 민사 소송뿐만 아니라 가사 소송이나 기타 위자료 청구 소송을 진행해 보면, 실제로 판결받는 위자료는 항상 적다는 생각이 든다. 따라서 판결로 인정되는 위자료 액수가 예상보다 많지 않으므로, 피고들에게 심리적으로 부담을 주고자 과도하게 위자료를 청구한다면, 소송비용에서 손해를 보는 경우가 발생할 수 있음을 변호사는 늘 염두에 두어야 할 것이다.

정리하면, 가해자가 다수인 학폭 사건에서 피해자를 대리하여 위자료 청구 소송을 진행한다면, 소송비용 지급까지 고려해서 과도한 청구는 지양해야 한다는 것이다.

8

학폭 형사 사건은 고소장을 꼭 접수하라

학교폭력 사건은 인지 수사로 진행되는 경우가 많다. 특히 성범죄가 학교폭력으로 발생하는 경우에는 성범죄를 인지한 학교에서 수사기관에 의무적으로 신고하도록 되어 있다. 이렇게 학교에서 신고를 하게 되면, 피해자가 고소한 것이 아니므로 고소 사건이 아니라 '인지 사건'으로 진행된다.

고소 사건이든 인지 사건이든 경찰이 수사를 진행해서 피해자와 가해자를 조사해서 죄를 가려내는 것이므로 큰 차이가 없다고 생각할 수 있다. 하지만 고소 사건과 인지 사건은 중요한 차이가 있으니, 바로 피해자의 법적 신분이다. 인지 사건은 피해자의 신분이 참고인 또는 이와 유사한 피해자에 불과하다. 반면에 고소 사건에서 피해자는 고소인 신분이다.

고소인과 참고인은 많은 차이가 있다. 수사 절차에서 고소인은 수사 진행 과정에 대해서 통보를 받을 수 있다. 그리고 만약 경찰에서 불송치 결정이 난 경우 이의신청을 할 수 있고, 검찰 항고와 재정신청 등 불복할 수 있는 권리가 있다. 하지만 참고인은 이런 권리가 없다.

내가 어쏘 변호사일 때 학폭 사건을 진행했는데, 피해자를 대리한 어떤 사건에서 도대체 경찰에서 아무런 연락이 없었다. 변호인 위임장도 제출한 상태였다. 그래서 경찰에 연락을 해 보니 사건이 이미 불송치로 종결되었고, 고소인이 아니라서 통보하지 않았다는 어처구니없는 말을 들었다.

이 책을 읽는 신입, 어쏘, 저연차 변호사들은 나와 같은 실수를 반복하지 않았으면 하는 마음에 다시 한번 강조한다. 학폭 피해사건이라면 꼭 고소장을 제출해서 고소인 신분을 획득해라.

$$9$$

촉법소년은 기소유예가 없다

이쯤 해서 촉법소년에 대해서 한번 정리할 필요가 있어 보인다. 우리 형법 제9조에서는 (만) 14세가 되지 아니한 자의 행위는 벌하지 아니한다고 규정해서, 원칙적으로 만 13세까지는 형사책임을 지지 않고, 형사책임이 없으므로 고소도 제기할 수 없다. 하지만 소년법 제4조제1항제2호에서 형벌 법령에 저촉되는 행위를 한 10세 이상 14세 미만인 소년에 대하여 보호처분을 할 수 있다고 규정함으로써, 만 10~13세의 '촉법소년'에 대해서는 경찰 고소, 정확한 용어로는 '진정'이 가능하게 된 것이다(편의상 고소라고 한다).

그렇다면 촉법소년을 경찰에 고소하면 어떻게 될까? 촉법소년보다 나이가 많은 범죄 소년이나 일반 성인인 경우, 경찰에서 검찰로 송치하고 검사가 기소하는 일반적인 절차를 따른다. 하지만 촉법소년은 혐의가 인정되면 경찰에서 바로 가정법원 소년부로 사건을 송치한다. 검사가 개입할 여지가 없는 것이다. 만 14세가 되지 않는 촉법소년은 형사적으로 처벌할 수 없으므로 기소할 수 없고, 따라서 기소를 결정하는 검사의 역할이 없는 것이다.

촉법소년에 대한 사건 절차에서 검사가 개입하지 않는다는 것은, 검사의 처분을 받지 않는다는 것이고, 따라서 검사의 처분인 기소유예 처분도 받을 수 없다. 흔히 형사 절차에서 기소유예 처분을 받으면 선처받은 것으로 보고, 재판으로 가기 전에 절차가 종료되어 피의자에게 유리한 처분으로 받아들인다. 그런데 아이러니하게도 촉법소년의 경우에는 이런 기소유예 처분을 받을 기회 자체가 없다. 교육과 교화를 목적으로 하는 소년법의 이념에 따라 잘못을 하면 꼭 재판을 받아야 한다는 취지로 보인다.

그렇다면, 촉법소년이 친고죄나 반의사불벌죄를 저지르고 피해자로부터 용서를 받은 경우는 어떻게 될까? 일반적인 형사 사건과 같이 불송치나 불기소, 공소기각 판결을 받을 수 있을까? 아니다. 앞서 설명한 것처럼 촉법소년은 엄격한 의미의 형사소송법이 적용되는 것이 아니므로, 친고죄나 반의사불벌죄를 저지르고 피해자로부터 처벌불원의 의사표시를 받았다 하더라도, 사건이 종결되지 않는다. 소년재판을 받으러 가야 하는 것이다.

촉법소년보다 나이가 많은 소년, 즉 만 14세부터 만 18세의 범죄소년에 대해서는 검사의 기소유예 처분이 가능하고, 친고죄나 반의사불벌죄에서의 합의에 따른 불송치나 불기소 처분 등이 가능하다. 하지만, 이들보다 나이가 어린 촉법소년은 합의를 했다 하더라도 재판을 받아야 한다는 점이 특이하다. 그렇다 할지라도 심리 불개시, 불처분 등 결정이나 가벼운 처분을 받기 위해서 합의는 필수라는 점은 변함이 없다.

정리하면, 만 10~13세의 촉법소년은 기소유예 처분을 받을 수 없고, 친고죄나 반의사불벌죄에서 합의를 한다 하더라도 재판을 받아야 한다.

소년재판의 일반적 흐름

소년재판에 한 번도 참석해 보지 않은 신입, 어쏘, 저연차 변호사들이 소년재판에 대해서 막연한 두려움을 가지는 경우가 있다. 그러나 특별한 것은 없고 일반적인 형사 절차에서 몇 가지 차이 나는 것만 알고 있으면 큰 문제 없이 사건을 수행할 수 있다. 처음에 학교폭력이나 무전취식, 절도, 방화, 강간 등으로 소년이 경찰에 신고되거나 사건이 접수되면 소년은 경찰 조사를 받는다. 그리고 혐의가 인정되는 경우, 촉법소년이라면 검찰 단계를 건너뛰고 사건이 바로 가정법원 소년부로 송치된다. 만 14세 이상의 범죄소년이라면 검찰 단계를 거친다. 검사의 판단에 따라서 일반 형사재판으로 기소될 수도 있고, 가정법원 소년부로 송치될 수도 있다.

사건이 가정법원 소년부로 송치되면 재판기일이 잡힌다. 보통 소년부 사건은 사건 수가 판사님 수와 비교하면 너무 많아서 몇 달이 지나서야 기일이 잡히는 경우도 많다. 사건이 송치되면 증거기록 복사를 신청하는데, 일반 형사재판과 같이 유죄 인정의 증거를 전부 받아 볼 수 있는 것이 아니라, 판사가 허가한 일부 자료, 보통 피의자신문조서 정도만 볼 수 있는 경우도 많다.

재판기일이 잡히면 보호자와 보호소년, 그리고 변호사가 참석하는데, 일반 형사재판과 달리 검사는 참석하지 않고, 변호사도 변호인이 아닌 '보조인' 신분으로 재판에 참석한다. 그리고 대부분 1회 기일에 보호처분이 선고된다. 보호처분이 선고되기 전에 임시 처분으로 '소년분류심사원'위탁처분이 나오고, 4주에서 8주 뒤에 다시 기일이 잡히는 경우도 있다. 따라서 사안이 중대한 경우 변호사는 소년분류심사원 위탁처분이 나와서 당일에 집으로 돌아갈 수 없을 수도 있다는 사실을 부모님께 사전에 알려 드려야 한다. 이러한 일반적인 흐름을 기초로 형사 사건과 유사한 개념으로 접근하면 소년재판도 크게 어렵지 않게 수행할 수 있다.

11

소년재판에서 형사 공탁?

일반 형사재판과 가정법원 소년부 소년재판의 큰 차이점 중 하나는 '형사 공탁' 가능 여부에 있다. 일반 형사재판과 달리 가정법원 소년부 사건에서는 형사 공탁이 불가능하다. 공탁법 제5조의2에서 형사 공탁의 주체를 '형사 피고인'으로 정하였는데, 가정법원 소년부에서 진행하는 소년재판에서 소년은 형사 피고인이 아니기 때문이다.

따라서 성범죄와 같이 사안이 중대하여 피해자의 용서와 합의가 꼭 필요한 사건이라면, 공탁할 생각을 하지 말고 재판기일 전까지 꼭 피해자와 합해야 할 것이다. 경찰 단계에서 합의를 요청하거나, 검찰 단계에서 형사조정신청을 활용해서 합의를 시도할 필요가 있다. 그리고 재판 단계에서 합의를 위한 양형 조사 신청도 일반 형사재판이 아니라는 이유로 받아 주지 않는다는 점도 알아 둘 필요가 있다.

12

소년부 판사님이 주로 질문하는 내용

소년사건은 너무 많은데, 소년 1인당 재판에 배정된 시간은 매우 짧아서, 그 짧은 시간에 소년에게 강한 경고의 메시지를 전하고, 자신의 잘못을 깨닫고 반성하도록 하기 위해서, 아주 엄하게 소년을 훈육하시는 판사가 많다. 그래서 소년재판에 들어가면 판사님이 소년에게 매우 날카로운 질문을 하시고, 이러한 질문에 제대로 답변하지 못하면 소년분류심사원 위탁처분을 내리기도 한다. 따라서 소년재판에서 변호사는 판사의 질문을 예상해서 사전에 소년과 부모님이 적절하게 답변할 수 있도록 사전에 교육할 필요가 있다. 아래 질문들은 내가 그동안 소년재판에서 받은 질문 중 중요하다고 생각하는 것을 정리한 것이니 신입, 저연차, 어쏘 변호사들은 참고하면 좋겠다.

가. 개인 신상 확인 질문

- 학교 다니고 있어? 어느 학교 몇 학년이야?
- 담임 선생님 성함은 어떻게 되셔?
- 지금 어디 살고 있어? 누구랑 같이 살아?
- 부모님은 무슨 일 하셔?

나. 가정환경 관련 질문

- 가족관계는 어떻게 돼?
- 부모님이랑 사이 어때?
- 집에서 주로 뭐 하고 지내?
- 가족들이랑 대화 자주 해?
- 집에서 지켜야 할 규칙이나 약속 있어?
- 사건 당시 만났던 친구들이랑 지금은 연락하니?

2. 사건 관련 질문

가. 사건 인식 관련 질문

- 오늘 왜 여기 왔는지 알고 있어?

- 네가 한 행동이 왜 잘못됐다고 생각해?

- 이 일이 왜 일어났다고 생각해?

- 사건 당시에 어떤 생각이 들었어?

- 피해자는 어떤 기분이었을 것 같아?

나. 범행 동기 및 경위 관련 질문

- 왜 그런 행동을 하게 됐어?

- 누구랑 같이 있었어?

- 누가 먼저 그런 제안이나 행동을 했어?

- 그 행동을 하기 전에 어떤 생각을 했어?

- 그 행동의 결과에 대해 생각해 본 적 있어?

3. 학교생활 관련 질문

가. 학업 상황 관련 질문

- 학교생활은 어때?

- 좋아하는 과목이랑 싫어하는 과목은 뭐야?

- 성적은 어느 정도야?

- 수업 시간에 집중하기 어려울 때 있어?

- 숙제나 과제는 잘해 가?

- 담임 선생님 성함은 어떻게 되니?

나. 교우 관계 관련 질문

- 학교에서 친한 친구들은 누구야?

- 친구들이랑 주로 뭐 하면서 시간 보내?

- 학교에서 따돌림당하거나 괴롭힘당한 적 있어?

- 선생님들이랑 관계는 어때?

- 학교에서 혼난 적 있어?

- 있다면 왜 혼났어?

- 술 마시거나 담배 피우는 친구 있어?

- 가출한 친구 있어?

4. 생활습관 및 여가활동 관련 질문

가. 일상생활 관련 질문

- 평소 하루 일과는 어떻게 돼?

- 몇 시에 자고 몇 시에 일어나?

- 밥은 제때 먹어?

- 집에서 주로 뭐 하면서 시간 보내?

- 스마트폰이나 컴퓨터는 하루에 얼마나 써?

- 게임은 하루에 몇 시간 하니?

나. 여가활동 관련 질문

- 방과 후나 주말에는 주로 뭐해?

- 취미나 특기 있어?

- 좋아하는 운동이나 활동 있어?

- 친구들이랑 주로 어디서 만나서 뭐 해?

- PC방이나 노래방에 자주 가? 얼마나 자주 가?

5. 반성 및 향후 계획 관련 질문

가. 반성 관련 질문

- 지금 네 행동에 대해 어떻게 생각해?

- 피해자한테 하고 싶은 말 있어?

- 비슷한 상황이 다시 온다면 어떻게 행동할 거야?

- 네 행동으로 누가 피해를 입었다고 생각해?

- 피해자와 화해하기 위해 뭘 할 수 있을까?

나. 향후 계획 관련 질문

- 앞으로 어떻게 생활할 계획이야?

- 네가 바꾸고 싶은 점은 뭐야?

- 장래 희망이나 꿈이 있어?

- 그 꿈을 이루기 위해 지금 뭘 하고 있어?

- 앞으로 어떤 도움이 필요하다고 생각해?

6. 보호자 관련 질문

가. 보호자의 양육태도 확인 질문

- 부모님은 평소 너를 어떻게 지도하셔?

- 집에서 규칙을 어겼을 때 어떤 벌이 있어?

- 부모님이랑 대화는 자주 해? 어떤 주제로 대화해?

- 부모님께 고민을 털어놓을 수 있어?

- 부모님이 가장 중요하게 생각하는 가치는 뭐야?

나. 보호자의 인식 관련 질문

- 이번 일에 대해 부모님은 어떻게 생각하셔?

- 부모님께 어떤 말씀 듣고 이 자리에 오게 됐어?

- 부모님이 가장 걱정하시는 부분은 뭐야?

- 부모님과 함께 이 문제를 어떻게 해결하기로 했어?

- 부모님께 하고 싶은 말 있어?

7. 부모님께 하는 질문

가. 자녀 양육 관련 질문

- 평소 자녀를 어떻게 교육하고 계세요?

- 자녀와 대화는 얼마나 자주 하세요?

- 자녀가 말을 안 들을 때 어떻게 지도하세요?

- 자녀의 친구관계에 대해 얼마나 알고 계세요?

- 자녀의 스마트폰 사용이나 귀가 시간 등에 규칙을 정해 놓으셨
  나요?

나. 사건 인식 관련 질문

- 이번 사건에 대해 어떻게 알게 되셨어요?

- 자녀의 행동에 대해 어떻게 생각하세요?

- 이런 일이 일어난 원인이 무엇이라고 생각하세요?

- 자녀가 집에서도 비슷한 행동을 한 적이 있나요?

- 이번 일을 계기로 자녀에게 어떤 말씀을 하셨어요?

다. 가정환경 관련 질문

- 가정 분위기는 어때요?

- 부부간의 관계는 어떠신가요?

- 최근 가정에 특별한 변화나 어려움이 있었나요?

- 자녀가 스트레스를 받았던 일이 있었나요?

- 자녀의 행동 변화를 느끼신 적이 있나요?

라. 향후 계획 관련 질문

- 앞으로 자녀를 어떻게 지도할 계획이세요?

- 재발 방지를 위해 어떤 노력을 하실 생각이세요?

- 자녀에게 필요한 도움이 무엇이라고 생각하세요?

- 부모님께서 도움이 필요하신 부분이 있으신가요?

13

소년재판에 참석하는 부모님의 진술 '내 탓이오'

소년재판에는 보호자가 함께 참석하는 것이 보통이다. 보통 판사가 보호소년에 대하여 이것저것 질문하고, 혼내고, 호통을 친 다음에 부모님께 몇 가지 질문을 하는 경우도 있고, 질문 없이 마지막으로 하고 싶은 말이 있다면 해 보라고 하는 경우도 있다. 이때 부모님이 뭐라고 말할지 아무런 준비를 하지 않았다면 당황에서 횡설수설하게 된다. 그래서 변호사는 부모님께 판사가 어떤 질문을 할지, 어떻게 대답하면 되는지 미리 알려 주고 준비시킬 필요가 있다. 어떤 질문을 할지는 위에서 설명했으므로 각자의 사건에 알맞은 대답을 준비하면 될 것이다.

다만 이 부분은 알아 두면 좋은데, 판사가 부모님께 마지막으로 하고 싶은 말이 있으면 해 보라며 기회를 줄 때, 내가 흔히 부모님께 준비해 드리는 답변 방식으로 '내 탓이오' 전략이 있다. 전부 내 탓이라고 말하는 것이다. "내 자녀가 이러저러한 잘못된 행동으로 이 자리에 서게 된 것은, 먹고사느라 바빠서 아이에 대해서 신경을 쓰지 못하고 제대로 교육하지 못한 내 탓이다, 앞으로 더 신경 쓰고 사랑과 관심으로 교육하고 훈육하겠다, 한 번만 선처해 달라" 이런 식으로 답변하는 것이다.

그러면 판사로서는 부모님이 아이의 잘못을 회피하지 않고 책임감을 가지고 다시 교육할 의지가 있다, 즉 보호 의지가 있다고 판단하고 아이를 다른 교육기관에 위탁하는 대신 집으로 돌려보내도 되겠다고 생각하게 된다. 이런 답변으로 아직까지 판사에게 지적받거나 나쁜 결과를 받은 사건은 하나도 없었다.

정리하면, 변호사는 판사가 부모님께 사건에 관해서 질문할 것을 대비해서 답변을 준비시켜야 하고, 최후 진술로 할 말까지 정리해서 알려 주어야 소년재판에서 좋은 결과를 기대할 수 있다는 것이다.

14

소년분류심사원도 예상하라

소년재판에서 항상 변수가 되는 것은 '소년분류심사원' 위탁처분이다. 소년분류심사원에 대해서는 검색해 보면 설명이 많으므로, 자세한 설명은 생략한다. 사실 소년원에 갈 정도의 강력 사건은 흔히 발생하지 않고, 그 정도까지 간 소년이라면 부모님의 보호력이나 보호 의지가 없는 경우가 많아 일반 사선 변호사를 선임하지 않는 경우가 많아서 우리가 사건을 수임할 일이 별로 없다. 그리고 가벼운 사건이라면 변호사가 크게 역할을 할 것이 없으므로 이때도 변호사 없이 사건을 진행하는 경우가 많다.

그렇다면 변호사를 선임하는 소년사건은 어느 정도 중대한 사건이라고 볼 수 있는데, 이런 사건에서 소년분류심사원 위탁처분을 받을 가능성이 있는 것이다. 소년사건은 당일 선고가 되는데, 반성하는 태도를 보이고, 피해자와 합의하는 등 적절한 변론을 진행한다면, 대부분 집으로 돌아가는 처분을 받는다.

그런데 사안이 중대하고, 보호소년이 재판을 받은 전력이 있거나, 피

해자와 합의하지 못한 경우 등 확실하게 교육을 받을 필요성이 있다고
판단되는 사건에서는 종종 소년분류심사원 위탁처분이 내려진다. 이
러한 위탁처분을 받으면 부모님은 집으로 돌아가고, 자녀는 법정에서
바로 분류심사원으로 간다. 기간은 4주가 기본이고, 예외적으로 8주가
될 수도 있다. 자녀가 집으로 돌아가지 못하고 법정에서 바로 다른 사
람 손에 이끌려 심사원으로 가는 모습을 보면서 부모님들은 많이 당황
하고 눈물을 흘리는 경우도 많다.

따라서 소년사건을 맡은 변호사라면, 사건의 중대성과 기타 여러 사
정을 참작해서, 소년이 소년분류심사원 위탁처분을 받을 수도 있다는
사실, 그래서 오늘 집으로 같이 돌아가지 못할 수도 있다는 사실을 부
모님께 사전에 명확히 설명드리고 마음의 준비를 할 수 있도록 도와주
어야 한다.

15

소년재판 고객에게 사전에 고지해야 할 사항

소년재판 판결은 비공개가 원칙이다. 따라서 피해자나 고소인이라 할지라도 판결 결과를 알 수는 없다. 검찰에 송치된 사실이나 가정법원 소년부로 송치된 사실까지만 알 수 있다. 그래서 소년사건의 피해자, 고소인을 대리해서 고소를 진행하는 경우에는, 유죄가 인정되어도 어떤 처분을 받았는지 알 수 없다는 점을 사전에 분명히 의뢰인에게 알려 드려야 한다.

그리고 소년재판의 결과를 알 수 없다는 사실과 더불어서, 소년재판에서 어떤 처분을 받더라도 그것은 전과기록에 남지 않는다는 사실도 알려 드려야 한다. 소년법 제32조제6항을 보면 "소년의 보호처분은 그 소년의 장래 신상에 어떠한 영향도 미치지 아니한다"라고 명시되어 있다. 따라서 전과기록이라고 알려진 범죄경력에 소년보호처분의 내용은 포함되지 않는 것이고, 결국 소년원 처분을 받는다 하더라도 전과자가 되는 것은 아니다.

한편, 소년보호처분은 판사님이 변경할 수 있다는 점도 알려 드려야 한다. 일반 성인이 형사재판에서 예를 들어 벌금 5백만 원을 선고받는다면, 이후에 그 사람이 다른 잘못을 하더라도 5백만 원이 1천만 원으로 증액될 수는 없다. 하지만 소년재판에서 판사는 처분을 변경할 수 있다. 소년법 제37조제1항에서는 "소년부 판사는 위탁받은 자나 보호처분을 집행하는 자의 신청에 따라 결정으로써 제32조의 보호처분과 제32조의2의 부가처분을 변경할 수 있다. 다만, 제32조제1항제1호·제6호·제7호의 보호처분과 제32조의2제1항의 부가처분은 직권으로 변경할 수 있다"라고 규정하고 있다. 따라서 변호사는 소년재판을 받게 된 부모님께, 소년재판에서 처분을 받았다고 끝나는 것이 아니라, 소년이 장래에 다른 비행을 저지른다면, 이전에 받았던 처분을 변경해서 더 중대한 처분을 받을 수도 있다는 사실을 고지해야 하는 것이다.

제11부

국민참여재판 변론의 기술

기존에 출간한 저의 책 『국민참여재판 공략집』의 내용 중 핵심적인 부분을 정리하였습니다. 국민참여재판 사건을 수임했는데 도움받을 곳이 없어 막막하시거나 전체적인 흐름을 파악하고자 한다면 『국민참여재판 공략집』을 구하여 읽어 보시기를 권해 드립니다.

1

국민참여재판 신청하는 것이 유리할까?

성범죄자들, 국민참여재판 가면 절반이 무죄 났다

국민참여재판 줄었는데… 성범죄·국보법 피고인들 주로 신청

유종헌 기자
업데이트 2023.07.31. 07:06 ∨

제자를 강제 추행한 혐의로 기소된 한 대학교수는 작년 1심 재판에서 무죄를 선고받았다. 일반 국민 중에 무작위 선정된 배심원들이 1심 재판부에 유무죄 의견을 주는 '국민참여재판'을 통해 내려진 결론이었다. 또 2021년에는 헤어진 연인을 성폭행했다는 혐의로 기소된 20대 남성이 국민참여재판에서 강간은 무죄이고 협박만 유죄라는 판결을 받은 일도 있었다.

한 법조인은 "국민참여재판에서 특히 성범죄 무죄율이 매우 높게 나오면서 일부 성범죄자가 국민참여재판을 악용할 우려가 있다는 지적이 나온다"고 말했다.

최근 5년(2018~2022년)간 국민참여재판(1심)에서 성범죄가 차지하는 비율은 약 19%로 전체의 5분의 1에 가깝다. 또 작년 성범죄에 대한 국민참여재판에서 무죄 선고 비율은 52.9%였다. 이 비율은 2018년(43.3%), 2019년(28.6%), 2020년(47.8%), 2021년(25%) 등 해마다 차이는 있지만, 같은 기간 주요 성범죄(형법상 강간·추행 및 성폭력처벌특례법 위반)에 대한 1심 무죄 선고 비율(평균 3.2%)에 비하면 최대 15배에 가깝다.

출처: 조선일보 2023. 7. 31. 유종헌 기자

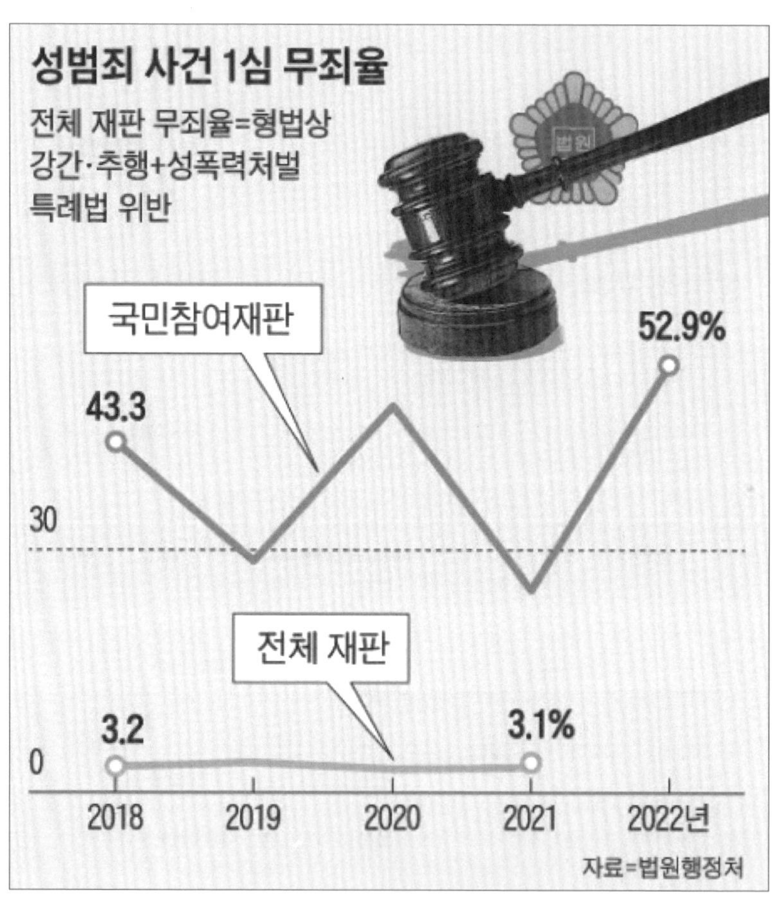

출처: 조선일보 2023. 7. 31. 유종헌 기자

위 신문기사에서 인용한 통계가 100% 정확한 것인지는 의심의 여지가 있다. 하지만 피고인의 입장에서 보면 확실히 국민참여재판에서 무죄가 선고되는 비중은 일반재판보다 높은 것으로 보인다. 특히 성범죄의 경우 위 신문기사에 따르면 무죄 비율이 50%를 넘는 것으로 나타났다고 하니 놀라운 수치다.

물론 국민참여재판은 일반 형사 사건에 비해서 변호사 비용이 많이 들기 때문에, 무죄에 대한 확신이 있는 경우에만 진행하는 경향이 있음은 참작해야 할 것이지만 그렇다 하더라도 무죄 비율이 매우 높아 보이는 것은 사실이다. 따라서, 변호사가 봤을 때 무죄 가능성이 있는 형사 사건이라면, 특히 성범죄 사건이라면 의뢰인에게 국민참여재판을 권유해 볼 필요가 있다.

2

판사는 국민참여재판 배심원의 평결에 기속되지 않는다?

로스쿨에서 배우고 시험에도 종종 나오는 부분이 있다. 바로 국민참여재판에서 배심원들의 결정은 법원을 기속하지 않는다는 규정이다. 그래서 아직 국민참여재판 경험이 없는 신입, 어쏘, 저연차 변호사들은, 어렵게 국민참여재판에서 배심원들의 무죄 평결을 받아 내더라도, 판사가 이를 받아들이지 않고 마음대로 결정해 버리면, 국민참여재판이 의미가 없는 것 아니냐고 생각할 수 있다. 실제로 그럴까?

위 규정에도 불구하고 실무에서는 판사들이 대부분 배심원들의 평결을 따르는 것으로 보인다. 법원 판례에서도 "배심원이 만장일치로 무죄의 평결을 하였다면, 그와 같은 평결이 제1심법원이 적법하게 채택하여 조사한 증거들에 비추어 명백하게 잘못되었다고 볼 만한 특별한 사정이 있다거나, 평결 결과를 그대로 받아들이는 것이 현저하게 부당하다고 인정되는 등의 예외적인 경우에 해당하지 않는 이상, 이를 존중하여 수용하는 것이 바람직하다"라고 판시하고 있어, 판사가 마음대로 배심원들의 평결 결과를 무시하기는 어렵다.

그리고 내가 몇 차례 국민참여재판을 경험한 결과, 배심원들의 평결이 모두 나의 심증과 일치했다. 내가 유죄라고 생각하는 사건에서는 유죄가, 무죄라고 확신한 사건에서는 무죄가 선고되었다. 따라서, 변호사들은 배심원들의 평결 결과가 판사에 의해서 뒤집힐까 하는 염려로 국민참여재판 신청을 주저할 이유는 전혀 없어 보인다.

3

︶

공판준비기일이 필수

국민참여재판법 제36조제1항에 따라서, 국민참여재판의 경우에는 필수적으로 공판준비절차에 회부된다. 일반적인 형사 절차에서는 공판준비절차가 필수가 아니라는 점과 차이가 있다. 변호사가 공판준비기일에서, 특히 성범죄의 경우 중요한 것은 과연 피해자 신문을 할 것인지를 결정하는 것이다.

국민참여재판법 제9조제1항제3호에 의하여 성범죄 피해자가 국민참여재판을 원하지 않는 경우, 법원이 국민참여재판을 하지 않기로 하는 결정을 내릴 수도 있다. 따라서 변호사는 공판준비기일 전에 사건기록을 면밀히 검토하여 피해자의 고소장이나 진술조서에 모순이 있거나, 기타 증인이나 증거로 의뢰인의 무죄를 입증할 수 있다고 판단하면, 굳이 피해자를 증인으로 신문하지 않고 피해자 진술에 대하여 동의하고 입증취지만 부인하여 피해자를 증인석에 세우지 않는 것도 좋은 방법이다. 그렇게 되면 판사가 성범죄 피해자의 2차 피해를 우려하여 국민참여재판 신청 자체를 기각하는 것을 어느 정도 방지할 수 있기 때문이다.

다만, 성범죄에서 피해자가 미성년자이거나 기타 특별히 증인으로 진술하지 못할 사정이 없다면, 피해자로서도 적극적으로 자신의 피해를 진술하여 피고인의 잘못을 입증할 필요가 있으므로, 피해자를 증인으로 신청하여 국민참여재판을 진행하는 것도 이례적인 것은 아니다. 따라서 변호사는 무엇보다 사전에 기록을 면밀히 검토하여 해당 사건에서 피해자 증인 신문이 필수적인지, 2차 피해가 발생할 우려가 있는지 살피고, 공판준비기일에서 재판장의 재판 지휘에 촉각을 곤두세우고 예민하게 반응하는 것이 필요하다. 재판장의 눈치를 잘 살펴, 재판장이 꼭 피해자를 증인으로 부를 필요가 없다고 생각하는 것 같다면 그 생각에 맞추어 피해자를 부르지 않고 국참재판을 진행할 수 있도록 진술하고, 재판장이 피해자를 증인으로 부르는 것에 거부감이 없어 보인다면 피해자를 법정에 세워야 하는 것이다.

내가 과거에 진행한 성범죄 사건의 경우, 사전에 기록을 검토한 결과 피해자 조사가 1회만 진행되어 진술의 모순을 찾기 어려웠으나, 다른 증인의 진술과 증거가 피해자 진술과 모순되는 부분이 있어 피해자 증인 신문 없이도 무죄 주장이 가능할 것으로 판단하였다. 그래서 최초에는 피해자 진술에 대하여 입증 취지만 부인하고 증거는 동의하여 우선 국민참여재판으로 회부한다는 결정을 받는 데 집중한다는 전략을 세웠다.

그런데 재판장이 피해자가 성인이고 특별히 2차 피해가 발생할 가능성은 크지 않은 데 비하여 피해자의 진술을 들어 볼 필요성이 있다고 판단하여, 피해자를 증인으로 신문하는 것을 허락했다. 그래서 결국 공판기일에 피해자 증인신문이 가능했다.

정리하면 국민참여재판에서는 공판준비절차는 필수이고, 변호사는 특히 성범죄의 경우 피해자 신문 여부에 대하여 사전에 검토하고 결정하여, 피해자 증인신문과 이에 따른 2차가해 문제 때문에 국민참여재판 자체가 기각되는 일은 없도록 해야 한다는 것이다.

4

배심원 후보자 명부

공판준비기일이 종료되면 공판기일이 지정된다. 공판기일이 지정되면 공판기일 전에 변호사사무실로 배심원 후보자명부가 송달된다. 배심원 후보자명부에는 배심원 후보자의 성명, 성별, 출생연도가 기재되어 있고, 후보자의 직업뿐만 아니라 배우자, 자녀의 유무와 그들의 직업 등이 상세히 기재되어 있다. 변호인은 어떠한 성향을 지닌 배심원이 선정되는 것이 우리 재판에 유리할 것인지 또는 불리할 것인지 생각하고, 나름의 기준을 세워 배심원들을 반드시 사전에 분류하는 작업을 해야 한다.

예를 들어 성범죄 사건의 경우, 20~30대 젊은 미혼 남성, 젊은 미혼 남성을 자녀로 둔 부모님 등이 우리에게 다소 유리할 것으로 판단할 수 있다. 반대로 20대 취업준비생 여성, 어리거나 젊은 여성을 자녀로 둔 부모님 등은 우리에게 불리할 것으로 판단할 수 있는 것이다. 이러한 나름의 기준을 가지고 배심원들을 사전에 분류해 두어야 한다. 그래야 공판 당일에 우리에게 불리해 보이는 배심원에 대해서는 기피신청을 할 수 있는 것이다.

　아래 자료는 변호사사무실로 송부되어 오는 배심원 후보자명부니 참고하면 좋겠다. 정리하면, 국민참여재판 변호인은 공판 전에 미리 배심원 후보자명부를 분석하고, 검토해서 우리에게 유리할 것 같은 배심원 후보자와 불리할 것 같은 배심원 후보자를 분류하고 정리해 두어야 한다는 것이다.

배심원 후보자 명부(송부용)

대구지방법원　　　　2024고합

순번	성명	성별	출생연도	일련번호
1	강.	여	1987.	55
2	강	남	1961	121
3	고	남	198(	109
4	권	남	1974.	118
5	권	남	1974.0	127
6	권	남	1991.0	108
7	권	여	1996.0	120
8	김	남	1974.0	76
9	김	여	1992.	75
10	김	여	1967.1	51
11	김	남	1965.0	113
12	김	남	1997.1	45
13	김	여	1972.0	8
14	김	남	1965.1	70
15	김	남	1977	28
16	김	여	197	79
17	김	남	1992.	94
18	김	여	1974.	130
19	김	여	1964.	4
20	김	여	1989	31
21	김	남	1964	74

<table>
<tr><td>배심원 후보자 번호</td></tr>
<tr><td>95</td></tr>
</table>

※ 귀하는 다음 질문에 대하여 답변을 기재하거나 해당 사유에 √ 표시를 하여 주시기 바랍니다.

1. 성별　☐ 남　☑ 여

2. 직업　무직 (취준생)

3. 최종학력　☐ 무학　☐ 초등학교　☐ 중학교　☐ 고등학교　☑ 대학교　☐ 대학원 이상

4. 가족관계

　　☐ 배우자　연령 ________　직업 ________

　　☐ 자녀

　　　① 연령 ______　성별 ____　직업 ______

　　　② 연령 ______　성별 ____　직업 ______

　　☑ 부모

　　　① 부 연령 53　성별 남　직업 공무원

　　　② 모 연령 53　성별 여　직업 주부

　　☑ 기타

　　　① 연령 24　성별 남　직업 학생

　　　② 연령 22　성별 남　직업 학생

5. 귀하나 귀하의 가족, 가까운 친구 중에 경찰관이나 소방관 등 법집행 공무원으로 근무하는 사람이 있습니까?　☐ 예　☑ 아니오

6. 귀하나 귀하의 가족, 가까운 친구 중에서 범죄 피해를 당한 사람이 있습니까?　☐ 예　☑ 아니오

7. (6의 답변이 예인 경우), 아래 질문에 답변을 해 주십시오.

① 누가, 언제, 어떤 범죄 피해를 당하였습니까?　________

② 경찰에 신고를 하였습니까?　☐ 예　☐ 아니오

③ 범죄자가 붙잡혔습니까?　☐ 예　☐ 아니오

④ 귀하나 가족, 친구들이 이 일로 인하여 경찰, 검찰이나 법원에 가서 피해를 진술한 일이 있습니까?

____

8. 귀하나 귀하의 가족, 가까운 친구 중에서 범죄를 저질러 수사를 받았거나 재판을 받았거나 벌금형 이상의 유죄판결을 받은 사람이 있습니까?　☐ 예　☑ 아니오

9. (8번 답변이 예인 경우) 누가, 언제, 어디서, 어떤 범죄를 저질러 어떤 내용의 수사 또는 재판을 받았는지 말씀해 주십시오.

____

5

배심원 후보자에 대한 질문사항 준비

배심원 후보자명부가 송달되면, 변호사는 배심원 선정기일에 배심원 후보자에게 질문할 사항을 미리 준비해야 한다. 배심원 선정기일은 통상 별도로 지정되기보다는, 국민참여재판이 열리는 날 오전에 진행된다. 배심원 후보자명부만으로는 배심원이 어떤 성향을 지녔는지, 우리 사건에서 어떤 판단을 할지 알기가 어렵다. 따라서 배심원 후보자들에게 직접 질문함으로써 배심원들의 성향을 알 수 있는데, 이러한 질문 기회가 배심원선정기일이라는 형식으로 국민참여재판 당일 오전에 주어진다.

예를 들어 배심원 후보자가 100명이고, 당해 사건의 배심원은 7명으로 정해진 경우라면, 우선 추첨을 통해서 7명이 배심원석에 착석하고, 나머지 배심원 후보자들은 방청석에서 질문을 듣고 있으며, 검사와 피고인의 변호인이 번갈아 가면서 배심원 자리에 착석한 7명에게 질문을 던진다. 질문의 방법으로 배심원 전체에게 질문할 수도 있고, 배심원들 개인에게 개별적으로 질문하는 방법으로 할 수도 있다. 이러한 질문에 답변하는 내용, 태도 등을 관찰하여 우리에게 유리한 판단을 할지 불리한 판단을 할지 가려내고, 불리한 판단을 할 것으로 예상되는 배심원 후보자는 기피신청을 해서 배심원이 되지 못하도록 해야 한다.

그리고 피고인의 변호인으로서 배심원에게 질문할 때는, 배심원들의 성향을 파악하는 것도 중요하지만, 여기에 더해서 실질적으로 변론이 시작되었다고 보고 우리에게 유리한 법리를 배심원들에게 끊임없이 주입하는 기회로 삼을 수도 있다. 예를 들어 무죄 추정의 원칙, 의심스러울 때는 피고인의 이익으로 판단해야 한다는 원칙, 유죄의 입증책임은 검사에게 있다는 원칙 등을 계속해서 반복적으로 질문함으로써, 피고인에게 유리한 법리를 끊임없이 배심원 후보자들에게 세뇌시켜야 한다는 것이다. 아래에 내가 작성한 배심원 질문사항 중 일부를 제시하니 참고하기 바란다.

배심원 후보자 질문사항

사　　건　2024고합12345 강간

피 고 인　홍길동

　　　　　피고인의 변호인 **법무법인 프런티어**

　　　　　담당 변호사 신 정 우

1. 형사재판에서 유죄의 인정은 법관으로 하여금 합리적인 의심을 할 여지가 없을 정도로 공소사실이 진실한 것이라는 확신을 가지게 하는 증명력을 가진 증거에 의하여야 하므로, 그와 같은 증거가 없다면 설령 피고인에게 유죄의 의심이 간다 하더라도 피고인의 이익으로 판단할 수밖에 없다는 것이 대법원 판례입니다. 이런 판례가 잘못되었고, 의심이 든다면 엄벌에 처해야 한다고 생각하시는 분 손 들어 주시기 바랍니다.

1-2. 1번 배심원분 어떻게 생각하시나요? 2번 배심원분 어떻게 생각하시나요? 3번 배심원분 어떻게 생각하시나요? 4번 배심원분 어떻게 생각하시나요? 5번 배심원분 어떻게 생각하시나요? 6번 배심원분 어떻게 생각하시나요? 7번 배심원분 어떻게 생각하시나요?

2. 형사 소송에서 범죄의 입증 책임은 검사에게 있습니다. 피고인의 범죄에 대하여는 검사가 국가 공권력을 동원하여 증거를 찾아 제출

함으로써 범죄를 입증해야 하고, 피고인이 스스로 죄가 없다는 점을 입증해야 하는 것은 아닙니다. 이 부분이 이해가 안 되고, 피고인이 억울하다면 스스로 무죄를 입증해야 한다고 생각하시는 분 손 들어 주시기 바랍니다.

2-2. 1번 배심원분 어떻게 생각하시나요? 2번 배심원분 어떻게 생각하시나요? 3번 배심원분 어떻게 생각하시나요? 4번 배심원분 어떻게 생각하시나요? 5번 배심원분 어떻게 생각하시나요? 6번 배심원분 어떻게 생각하시나요? 7번 배심원분 어떻게 생각하시나요?

3. 피고인이 스스로 무죄를 입증한 바 없고, 피고인이 의심스럽지만, 검사가 증거를 제출하지 못하면 무죄가 선고되어야 하는 것이 우리 헌법과 형사소송법의 기본 법리입니다. 그렇다면 피고인의 범죄 혐의에 대해서 판사의 마음속에 약 몇 % 정도 유죄의 확신이 들면 유죄라고 판단할 수 있을까요?

3-2. 1번 배심원분 60%라면 유죄라고 생각하시나요? 2번 배심원분 70%라면 유죄라고 생각하시나요? 3번 배심원분 80%라면 유죄라고 생각하시나요? 4번 배심원분 90%라면 유죄라고 생각하시나요?

4. 성범죄 사건은 대부분 남자가 잘못해서 일어난다고 생각하시는 분
   손 들어 주시기 바랍니다.

4-2. 1번 배심원분 어떻게 생각하시나요? 2번 배심원분 어떻게 생각하
   시나요? 3번 배심원분 어떻게 생각하시나요? 4번 배심원분 어떻
   게 생각하시나요? 5번 배심원분 어떻게 생각하시나요? 6번 배심
   원분 어떻게 생각하시나요? 7번 배심원분 어떻게 생각하시나요?

5. 성범죄 사건에서 피해자의 진술이 유일한 증거이고 피고인이 이를
   부인한다면, 다른 증거가 없이도 피해자의 진술만으로 유죄가 선
   고되어야 한다고 생각하시는 분 손 들어 주시기 바랍니다.

5-2. 1번 배심원분 어떻게 생각하시나요? 2번 배심원분 어떻게 생각하
   시나요? 3번 배심원분 어떻게 생각하시나요? 4번 배심원분 어떻
   게 생각하시나요? 5번 배심원분 어떻게 생각하시나요? 6번 배심
   원분 어떻게 생각하시나요? 7번 배심원분 어떻게 생각하시나요?

이상입니다.

6

PPT 파일과 동영상 재생 파일 사전 준비

국민참여재판이 일반 형사재판과 크게 다른 점 중 하나는 바로 배심원들을 상대로 프레젠테이션을 해야 한다는 점이다. 물론 PPT를 준비하지 않고 말로써 배심원들을 설득할 수도 있을 것이지만, PPT를 준비하여 발표하는 형식으로 진행하는 것이 보통이다. PPT를 준비하여 쉽게 이해되는 이미지와 간략하고 핵심적인 내용만 발췌된 텍스트를 이용하는 것이 법률가가 아닌 일반 시민인 배심원들을 좀 더 쉽게 설득하는 방법이 될 것이다.

국민참여재판이라 할지라도 PPT의 본질은 변하지 않는다. 텍스트는 최대한 간결하게만 표현하고, 이미지를 적극적으로 활용하여 배심들이 쉽게 사건을 이해할 수 있도록 돕는 것이다. 깨알같이 작은 글씨로 판례를 인용하거나, 알아보기 힘든 증거자료를 사용한다면, 그만큼 배심원들의 피로도는 높아 가고 무죄의 확률이 떨어지게 될 것이다. PPT는 정해진 양식은 없다.

나는 국참재판을 할 때 총 3개의 PPT 파일을 준비한다. 첫 번째는 모두 진술에서 사용할 것이었고, 두 번째는 피해자를 증인으로 신문할 때 피해자 진술의 모순점을 드러내는 자료, 세 번째는 최후진술에서 사용하는 것이다. 모두 진술에서 사용한 첫 번째 PPT에서는, 피고인의 무죄추정 원칙에 관한 대한민국 헌법 제27조제4항, "범죄의 입증 책임은 검사에게 있고 의심스러울 때는 피고인의 이익으로 판단해야 한다"는 대법원 판례를 중점적으로 설명한다. 그리고 피고인이 앞으로 무죄를 주장할 것과 입증계획을 간략하게 설명한다.

두 번째 PPT는 피해자의 경찰 진술 중 앞뒤가 맞지 않거나, 객관적인 증거와 모순되는 진술을 발췌하여 배심원들이 보기 쉽게 정리했다. 증인 신문 과정에서 피해자에게 먼저 질문을 던지고, 기존 경찰 조사 때와 다른 말을 하면 기존 경찰에서 피해자가 직접 진술한 진술조서 부분을 보여 주는 방법으로 피해자 진술의 모순을 드러낸다.

세 번째 PPT는 최후변론에서 사용한다. 쟁점을 최종적으로 정리하고, 검사가 제시한 유죄의 증거에 대하여 모두 그 입증 취지를 탄핵하고 우리에게 유리한 방향으로 배심원들을 설득하는 자료를 준비한다.

이러한 PPT 자료 준비를 마치면, 이를 배심원들 앞에서 발표하여야 하므로 대본을 만들 것을 추천한다. 대본을 만들어 수차례 읽어 완전히 그 내용을 습득하고, 동료 변호사님을 앞에 두고 발표 연습을 하여,

실제 배심원들 앞에서도 말을 더듬지 않도록 주의하여야 한다. 또한, 한글과 MS오피스 두 가지 파일을 모두 준비하여 법정에서 파일을 실행하는 데 문제가 없도록 준비하여야 한다.

그리고 만약 PPT에 동영상 자료가 포함되어 있거나, 기타 동영상을 재생해야 하는 상항이 있다면, 동영상 파일이 재생되는 '프로그램 설치파일'도 USB에 담아 가야 한다. 사무실 컴퓨터에서 잘 재생되던 동영상 파일도 법원 컴퓨터에서는 재생되지 않을 수 있으므로, 동영상 재생을 위한 프로그램 설치파일까지 꼭 법원에 챙겨 가야 만약의 사태에 대비할 수 있다.

7

피고인 신문 및 최후변론 연습

국민참여재판에서는 피해자 등 증인신문절차가 가장 중요하지만, 이에 못지않게 피고인 신문도 중요하다. 피고인에 대해서 검사와 변호사가 질문하는데, 피고인이 판사님들과 배심원들 앞에서 자칫 잘못된 대답을 한다면 재판을 망칠 수 있다. 따라서 피고인 신문에 대해서 미리 피고인을 불러 철저하게 연습을 진행해야 한다.

피고인 신문은 검사의 신문과 변호인 신문 그리고 판사가 궁금한 사항을 질문할 수 있고, 배심원은 판사에게 궁금한 점을 전달해서 판사가 피고인에게 대신 물어볼 수도 있다. 따라서 변호사는 피고인에 대해서 검사, 배심원, 판사가 무슨 질문을 할지 사전에 예상해서 질문지를 만들고, 모범 답안도 만들어서 질문에 당황하지 않고 사실대로 잘 대답할 수 있도록 연습을 시켜야 한다. 그리고 최대한 피고인이 주장하는 바를 배심원들이 쉽게 이해할 수 있도록 변호인의 피고인 신문을 준비하고 사전에 연습하는 것도 필요하다.

그리고 재판 마지막에는 피고인이 최종변론을 할 기회가 있다. 이때가 판사와 배심원들에게 피고인이 정말로 억울하다는 점을 주장할 수 있는 마지막 기회다. 따라서 피고인의 최종변론도 피고인에게 맡겨 두어서는 안 되고, 변호사가 최종변론 원고를 피고인과 함께 작성하고, 배심원들 앞에서 떨지 않고 말할 수 있도록 피고인을 연습시켜야 할 것이다.

8

배심원 선정

공판기일에 국민참여재판은 통상 오전에 시작하여 배심원 선정절차를 진행하고, 배심원이 선정되면 재판장의 설명 및 피고인 인정신문, 그리고 검사와 변호인의 모두 진술과 재판장의 쟁점 정리 절차를 오전에 진행한다. 그리고 점심식사를 마치고 오후에 증거 조사 및 증인 신문, 피고인 신문, 최종변론 등을 진행하며, 저녁식사를 마치고 배심원 토의 및 평결을 거쳐 당일 저녁 늦게 판결이 선고된다. 물론 별도 선고기일이 지정되어 선고될 수도 있다. 배심원 선정절차는 피고인이 없는 상태에서 진행하는데 피고인이 있는 상태에서 진행하기도 한다.

국민참여재판법 제28조 및 제30조에 따라 변호인은 배심원에 대하여 기피신청을 할 수 있고, 기피신청의 종류에는 두 가지가 있다. 이유가 있는 이유부 기피신청, 이유가 없는 무이유부 기피신청이 그것이다. 법 제28조에 따른 이유 있는 기피신청은 실무에서는 크게 문제되지 않는다. 기피 사유가 있는 후보자는 대부분 배심원 후보자를 선정하는 절차에서 걸러지기 때문이다.

변호인에게 중요한 것은 국민참여재판법 제30조에 따른 무이유부 기피신청이다. 국민참여재판법 제13조에 따라 사형이나 무기징역, 무기금고 사건 외 대부분 사건은 7인의 배심원이 참여하게 되는데, 그중 무이유부기피신청으로 4명까지 기피를 신청할 수 있다. 변호인이나 검사가 기피를 신청한 배심원은 이유 없이 배심원으로 선정되지 않는 것이다.

무이유부 기피신청을 할 때는 사전에 송달받은 배심원 후보자명부를 보면서, 우리에게 불리해 보이는 배심원에 대해서 기피신청해야 한다. 또한, 앞서 설명한 배심원 후보자 질문사항을 사전에 준비하였다가, 배심원 후보자들에게 질문을 하면서 배심원 후보자들의 성향을 파악하고, 우리에게 불리한 결정을 할 것 같은 후보자에 대하여 기피를 신청해야 한다.

다만, 무이유부 기피신청의 기회는 4번뿐이고, 기피신청 이후에 오히려 더 우리에게 불리해 보이는 배심원이 선정될 가능성도 있으므로, 사전에 배심원 명부를 면밀히 검토하고, 배심원에 대하여 적절한 질문을 함으로로써, 반드시 기피해야 할 배심원과 그렇지 않은 배심원을 잘 구별하여 두어야 한다. 그리하여 몇 차례 기피신청 이후에 반드시 피해야 할 배심원이 모두 제외되었다면 기피신청을 더 진행할지를 신중히 판단하여 더 기피신청을 하지 않는 것도 하나의 전략이 될 수 있는 것이다.

또한, 기피신청 과정에서 몇 번 후보자가 제외되고, 몇 번 후보자가 다시 추가되었는지 혼동하지 않도록, 예를 들면 10번이 제외되고 11번이 추가되었다면 재빨리 11번 명부를 확인하고 기록하여, 몇 차례 기피 이후에 11번을 10번으로 혼동하여 다시 제외하는 등의 실수를 하지 않도록 유념하여야 한다. 다만, 사전에 서류상으로 보지 못했던 배심원의 성향이 드러난다면, 이를 기초로 현장에서 임기응변으로 대응하는 것도 필요하다. 예를 들어 준강간 사건에서 어떤 후보자가 30대 여성이어서 기피신청 대상자 리스트에 올려 두었는데, 질문을 해 보니 아주 객관적이고 편견이 없는 사람이라면, 굳이 위험을 무릅쓰고 기피신청을 하지 않아도 되는 것이다.

위와 같은 절차에 따라 배심원이 선정되는데, 7명의 배심원이 참여하는 사건인 경우 배심원 7명 외에 예비배심원이 함께 선정되어 총 7명을 초과하는 배심원이 선정된다. 배심원 중 특별한 사정이 있어 평결까지 참여하지 못하게 될 가능성을 염두에 두고 선정되는 것으로 재판부에서만 누가 예비배심원인지 알 수 있고, 본인도 스스로 예비배심원인지 알지 못하고, 모든 절차에서 배심원과 동일하게 참여하게 된다. 물론, 예비배심원을 선정하지 않는 경우도 있다.

※ 참고 예시

배심원 후보자 중 기피 순서				
순번	일련번호	이름	성별	생년월일
1	121	권○○	여	96.01.21.
2	15	윤○○	여	91.01.25.
3	98	장○○	여	82.07.30.
4	77	김○○	여	74.08.21.
5	91	오○○	여	74.01.22.
6	5	김○○	여	72.05.04.
7	16	이○○	여	71.07.21.
8	61	심○○	여	68.09.09.
9	129	황○○	여	60.07.01.

※ 참고 예시

배심원 배치표			
	⑦	⑥	⑤
	~~15~~ 8 ~~17~~ 2	12	85
④	③	②	①
~~122~~ ~~99~~ 36	~~11~~ ~~25~~ 67	5 3	4 11

9

증거 조사와 검사의 잘못된 증거설명에 대한 제지

국민참여재판법 제44조에 따라서 배심원은 증거능력에 관한 심리에는 관여할 수 없고, 다만 재판장은 배심원들에게 증거에 관하여 설명할 의무가 있을 뿐이다. 보통 형사재판에서는 검사가 증거목록을 제출하고, 변호인이 증거에 대하여 의견을 제시하고, 재판장이 서류 등을 넘겨 보면서 증거 조사를 한다. 그러나 국민참여재판에서 증거서류 등 조사는, 검사가 증거기록에 포함된 증거능력 있는 자료를 배심원들에게 설명하는 형식으로 이루어진다. 예를 들어 범죄인지서, 수사보고서, 112 신고사건 처리결과표 등은 무엇이고 어떤 내용이 포함되어 있는지, 피의자신문조서, 진술조서 등은 무엇이고 어떠한 내용이 포함되어 있는지 배심원들에게 설명한다.

여기서 변호인이 주의할 것은, 검사가 증거를 설명하는 과정에서 증거를 객관적으로 배심원들에게 설명하지 않고 검사의 의견, 즉 피고인이 유죄라는 자신의 의견을 포함하여 증거설명을 하는 경우 이를 제지하여야 한다는 것이다. 예를 들어 피고인과 피해자의 신체가 접촉하는 장면이 녹화된 CCTV 영상이 증거로 존재한다면, 검사는 이러한 CCTV 자료가 있으니 배심원들이 직접 보시고 이것이 강제추행인지 판단하여 달라는 취지로 설명해야 한다.

그런데 검사가 "피고인이 피해자를 강제로 추행하는 장면이 녹화된 CCTV 영상이 증거로 존재합니다"라고 배심원들에게 설명한다면, 이는 증거설명이 아닌 검사의 의견 표명이고 배심원들에게 유죄의 심증을 무의식중에 각인시키는 것이므로, 변호인은 즉시 "이의 있습니다"라고 재판장에게 이의를 제기하는 등 검사가 의견제시를 하지 못하도록 제지하여야 한다는 것이다.

국민참여재판 속기록 중 발췌

재판장 : 잠깐 제가 말씀드리면 지금까지 방금 검사님이 말씀하신 것은 증거에 관한 얘기는 아니고 의견입니다. 의견과 증거를 잘 구별해 주세요. 방금 말씀하신 것은 검찰 측 의견이고 지금부터 내용을 잘 보십시오. 증거에 관해서 설명하겠습니다.

위 자료는 국민참여재판을 수행한 이후 법원으로부터 받은 속기록에서 발췌한 자료다. 위 자료를 살펴보면, 재판장이 "방금 검사님이 말씀하신 것은 증거에 관한 얘기는 아니고 의견입니다. 의견과 증거를 잘 구별해 주세요"라고 언급하는 것을 볼 수 있다. 이처럼 검사는 증거설명을 할 때 의견을 배제하고 증거를 설명하여야 하고, 배심원들에게 예단을 심어 줄 수 있는 의견을 표명한다면 변호인이 이를 제기해야 할 것이다.

10

녹취록(속기록) 신청

국민참여재판이 종료되면 법원에 녹취록(속기록)을 신청하여 받을 수 있다. 녹취록에는 국민참여재판 변론 절차와 내용이 모두 기록되어 있다. 이러한 녹취록(속기록)은 다음 국민참여재판을 진행하는 데 귀중한 참고자료가 될 것이므로 반드시 자료를 확보하여야 한다. 이러한 속기록을 분석하여, 이번 재판에서 잘된 점과 부족했던 부분을 복기해 볼 수 있고, 다음 재판에 적용하여 변호사 스스로도 더 발전할 수 있을 것이다.

속 기 록

사건번호	
기 일	
비 고	

국민의 형사재판 참여에 관한 법률 제40조 제1항의 규정에 따라 작성한 속기록을 붙임과 같이 제출합니다.

1. 붙임 국민참여재판 속기록 (총 면수 : 98면) 1부

2020. 10. 12.

속기서기 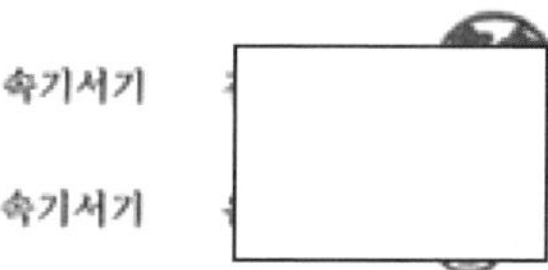

속기서기

결격 사유부터 보여주실까요? 배심원분들도 보이시나요? 잘 안 보이시나요? 제가 말로 하겠습니다. 제가 쭉 나열해 보겠습니다. 약간 예민한 질문이 있거든요. 혹시 말씀하시기 불편하시면 손을 드시면 저희가 쪽지를 통해서 전달받는 것으로 하겠습니다. 피성년후견인, 피한정후견인, 파산선고를 받고 복권되지 아니한 분, 실형 선고 후 집행종료 또는 집행 면제된 후 5년 이내인 분, 실형의 집행유예를 선고받고 기간완료일로부터 2년 이내인 사람, 금고 이상의 선고유예를 받고 선고유예 기간 중에 있는 사람, 판결로 자격이 상실 또는 정지된 사람 여기에 해당하시는 분들이 있으신가요?

(손을 든 배심원후보자가 없음)

재판장 : 저희가 미리 질문표를 통해서 대답을 받았는데 여기 계신 분 중에는 없는 것 같습니다. 제외 사유를 확인해 보겠습니다. 대통령, 국회의원, 지방자치단체장, 지방의회의원, 정무직 공무원, 법관, 검사, 변호사, 법무사, 법원 검찰 공무원, 경찰 교정 보호관찰 공무원, 군인, 군무원, 소방공무원, 동원 또는 교육훈련의무를 이행중인 예비군, 여기에 해당하시는 분 계신가요?

제12부

부록 — 형사 사건 처리절차 체크리스트

아래 체크리스트는 형사 사건을 수행하면서 필수적으로 수행해야 할 사항을 간략히 정리한 것이다. 머릿속으로만 사건을 정리하면 반드시 실수가 발생한다. 특히 사건이 많고, 민사와 형사, 가사 사건을 왔다 갔다 하며 처리하는 신입, 어쏘, 저연차 변호사의 경우에는, 정신없이 사건을 처리하다 보면 순간적으로 필수적인 절차를 놓치게 되는 경우가 종종 발생한다. 따라서 아래 체크리스트를 기준으로 반드시 수행해야 하는 사건 처리 절차에 관한 본인만의 체크리스트를 만들어 활용하면서 실수가 없도록 일을 처리해야 할 것이다.

순번	무죄주장	수행여부	혐의 인정	수행여부
1	변호인 선임계, 송달장소변경신청서 제출			
2	고소장 열람, 복사 신청			
3	의뢰인 조사 연습		무죄주장과 동일	
4	변호인의견서 사전 제출			
5	경찰 조사 동석			
6	피의자신문조서 열람, 복사 신청			
7	송치되면, 경찰 송치결정서 분석 후 검찰에 반박 변호인의견서 제출		경찰에 합의를 위한 피해자 연락처 요청	
8	기소되면, 공소장 및 증거기록 열람, 복사 신청		송치되면, 검찰에 형사 조정 신청	

9	증거 인부에 관한 사전 의견서 + 변호인의견서 제출		기소되면, 법원에 합의를 위한 양형조사 신청서 제출	
10	증인신문사항 제출		공판 전 양형 자료 첨부한 변호인의견서 제출	
11	변론 이후 변호인의견서 또는 변론요지서 제출		합의가 안 되면 형사공탁	
12			변론 이후 반성문, 탄원서 등 양형자료 추가 제출	

어느 책에서 읽은 것인지 잘 기억나지 않지만, '돈 한 푼 없이 카페 사장이 되는 방법'에 대해서 읽은 적이 있는데, 아주 공감 가는 내용이었습니다. 내용은, 카페 아르바이트생으로 입사해서 아르바이트생이 할 수 있는 청소, 음료 만들기, 매장 관리, 고객 응대 등 모든 분야를 마스터한다, 그다음 매니저에게 도와드릴 일이 없는지 물어보고 매니저가 하는 일을 모두 도와주면서 자신이 매니저를 대신할 수 있도록 숙달한다, 그다음 사장님이 하는 모든 일을 도와주면서 사장님이 없어도 카페가 운영되도록 한다, 그러면 사장은 자신이 없어도 점포가 운영되므로 2호점을 생각하게 되고, 그 2호점 또는 기존 1호점을 일 잘하는 그 사람에게 맡긴다, 그래서 결국 아르바이트생이었던 그 사람은 투자금 하나도 없이 사장이 된다, 이런 내용이었습니다.

위 내용은 수습, 어쏘, 저연차 변호사들에게도 똑같이 적용된다고 생각합니다. 저도 위와 같은 방법으로 월급 받는 변호사에서, 월급 주는 법무법인 분사무소 대표가 되었습니다. 대표가 생각하는 대로 생각하고, 대표처럼 일하시기 바랍니다. 사무실에서 청소, 비품 구매, 직원 관리, 사건 수임, 고객 상담, 서면 작성, 재판 출석, 클레임 처리, 마케팅,

사건 수임까지 모든 일을 마스터하십시오. 내가 대표 변호사라고 생각하고, 대표 변호사라면 어떻게 행동할지 고민하고, 대표가 없어도 사무실이 잘 돌아가도록 만든다면, 어느새 본인이 대표 변호사가 되어 있을 것입니다.

이 책을 끝까지 읽느라 수고 많았습니다. 모두 기본적이고, 기초적인 내용들이라 대부분 잘 아는 것들일 테지만, 이 책의 내용 중 단 1개라도 '아 이런 게 있구나'라는 생각이 들고, 단 1줄이라도 실무에 도움되는 내용이 있었다면 부족한 저에게 큰 기쁨이겠습니다. 이 책을 끝까지 읽으신 여러분들의 앞날에 수많은 사건 수임과 성장이 기다리고 있기를 진심으로 바랍니다.

2026년 겨울
양덕동 사무실에서
신정우 변호사 올림